余英時訪談錄

我走過的路

陳致／訪談

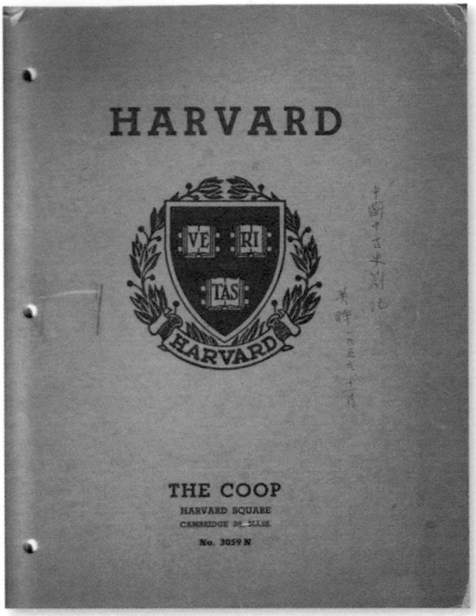
HARVARD
VE RI TAS
HARVARD
THE COOP
HARVARD SQUARE
No. 3059 N

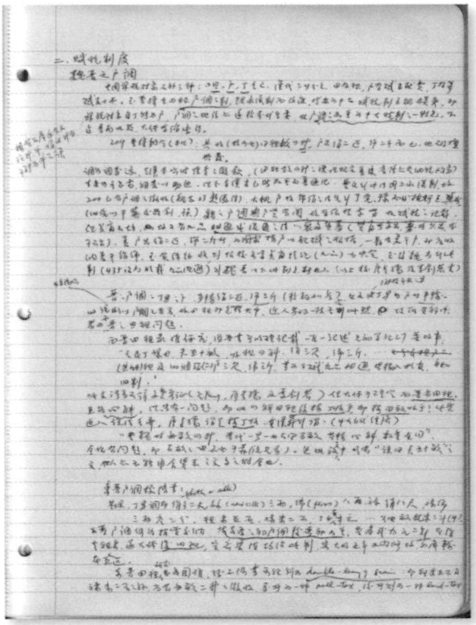
二、賦稅制度
魏晉之戶調

目次

我走過的路

1

我求學所走過的路是很曲折的。現在讓我從童年的記憶開始，一直講到讀完研究所為止，即從一九三七年到一九六二年。這是我的學生時代的全部過程，大致可以分成三個階段：一九三七—一九四六年，鄉村的生活；一九四六—一九五五年，大變動中的流浪；一九五五—一九六二年，美國學院中的進修。

我變成了一個鄉下孩子

我是一九三〇年在天津出生的，從出生到一九三七年冬天，我住過北平、南京、開封、安慶等城市，但是時間都很短，記憶也很零碎。一九三七年七月七日，抗日戰爭開始，我的生活忽然發生了很大的變化。這一年的初冬，大概是十月左右，我回到了祖先居住的故鄉——安徽潛山縣的官莊鄉。這是我童年記憶的開始，今天回想起來，好像還是昨天的事一樣。

讓我先介紹一下我的故鄉——潛山縣官莊鄉。這是一個離安慶不遠的鄉村，今天乘公共汽車只用四小時便可到達，但那時安慶和官莊之間還沒有公路，步行要三天。官莊是在群山環抱之中，既貧窮又閉塞，和外面的現代世

1 此文最初發表於《關西大學中國文學會紀要》十六（大阪：一九九五）。

界是完全隔絕的。官莊沒有任何現代的設備，如電燈、自來水、汽車，人們過的仍然是原始的農村生活。對於幼年的我，這個變化太大也太快了，在短短的三天之內，我頓然從一個都市的孩子變成了一個鄉下的孩子。也就從這時開始，我的記憶變得完整了，清楚了。

鄉居的記憶從第一天起便是愉快的。首先，我回到了大自然的懷抱。我的住屋前面有一道清溪，那是村民洗衣、洗米、洗菜和汲水的所在，屋後和左右都是山岡，長滿了松和杉，夏天綠蔭密布，日光從樹葉中透射過來，暑氣全消。我從七八歲到十三四歲時，曾在河邊和山上度過無數的下午和黃昏。有時候躺在濃綠覆罩下的後山草地之上，聽鳥語蟬鳴，渾然忘我，和天地萬物打成了一片。這大概便是古人所說的「天人合一」的一種境界吧！這可以說是我童年所受的自然教育。

鄉居八九年的另一種教育可以稱之為社會教育。都市生活表面上很熱鬧，到處都是人潮，然而每個人的感覺其實都是很孤獨的。家庭是唯一的避風港，但每一個家庭又像是一座孤島，即使是左鄰右舍也未必互相往來。現代社會學家形容都市生活是「孤獨的人群」（lonely crowd），其實古代的都市又何嘗不然？蘇東坡詩「萬人如海一身藏」，正是說在都市的人海之中，每一個人都是孤獨的。但是在鄉村中，人與人之間、家與家之間都是互相聯繫的，地緣和血緣把一鄉之人都織成了一個大網。幾百年、甚至千年聚居在一村的人群，如果不是同族，也都是親戚，這種關係超越了所謂階級的意識。我的故鄉官莊，有余和劉兩個大姓，但兩姓都沒有大地主，佃農如果不是本家，便是親戚，他們有時交不出田租，也只好算了。我從來沒有見過地主凶惡討租或欺壓佃農的事。我們鄉間的秩序基本上是自治的，很少與政府發生關係。每一族都有族長、長老，他們負責維持本族的族規，偶爾有子弟犯了族規，如賭博、偷竊之類，族長和長老們便在宗祠中聚會，商議懲罰的辦法，最嚴重的犯規可以打板子。但這樣的情形也不多見，我只記得我們余姓宗祠中舉行過一次聚會，處罰了一個屢次犯規的青年子弟。中國傳統社會大體上是靠儒家的規範維繫著的，道德的力量遠在法律之上。道理（或天理）和人情是兩個最重要的標準。這一切，我當時自然是完全不懂的。但是由於我的故鄉和現代世界是隔絕的，我的八九年鄉居使我相當徹底地生活在中國傳統文化之中，而由生活體驗中得來的直覺了解對我以後研究中國歷史與思想有很大的幫助。現代人類學家強調在地區文化研究上，研究者必須身臨其境（being there）和親自參與（participation），我的鄉居就是一個長期的參與過程。

現在我要談談我在鄉間所受的書本教育。我離開安慶城時，已開始上小學了。但我的故鄉官莊根本沒有現代式的學校，我的現代教育因此便中斷了。在最初五六年中，我僅斷斷續續上過三四年的私塾；這是純傳統式的教學，由一位教師帶領著十幾個年歲不同的學生讀書。因為學生的程度不同，所讀的書也不同。年紀大的可以讀《古文觀止》、四書、五經之類，年紀小而剛剛啓蒙的則讀《三字經》、《百家姓》。我開始是屬於啓蒙的一組，但後來得到老師的許可，也旁聽一些歷史故事的講解，包括《左傳》、《戰國策》等。總之，我早年的教育只限於中國古書，一切現代課程都沒有接觸過。但真正引起我讀書興趣的不是古文，而是小說。大概在十歲以前，我偶在家中找到了一部殘破的《羅通掃北》的歷史演義，讀得津津有味，雖然小說中有許多字不認識，但讀下去便慢慢猜出了字的意義。從此發展下去，我讀遍了鄉間能找得到的古典小說，包括《三國演義》、《水滸傳》、《蕩寇志》（這是反《水滸傳》的小說）、《西遊記》、《封神演義》等。我相信小說對我的幫助比經、史、古文還要大，使我終於能掌握了中國文字的規則。

我早年學寫作也是從文言開始的，私塾的老師不會寫白話文，也不喜歡白話文。雖然現代提倡文學革命的胡適和陳獨秀都是我的安徽同鄉，但我們鄉間似乎沒有人重視他們。十一二歲時，私塾的老師有一天忽然教我們寫古典詩，原來那時他正在和一位年輕的寡婦鬧戀愛，浪漫的情懷使他詩興大發。我至今還記得他寫的兩句詩：「春花似有憐才意，故傍書台綻笑腮。」詩句表面上說的是庭園中的花，真正的意思是指這位少婦偶爾來到私塾門前向他微笑。我便是這樣學會寫古典詩的。

在我十三四歲時，鄉間私塾的老師已不再教了。我只好隨著年紀大的同學到鄰縣——舒城和桐城去進中學。這些中學都是戰爭期間臨時創立的，程度很低，我僅僅學會了二十六個英文字母和一點簡單的算術。但桐城是有名的桐城派古文的發源地，那裡流行的仍然是古典詩文。所以我在這兩年中，對於中國古典的興趣更加深了，至於現代知識則依舊是一片空白。

大變動中的流浪

一九四五年八月第二次世界大戰結束時，我正在桐城。因為等待著父親接我到外面的大城市去讀書，便在桐城的親戚家中閒住著，沒有上學。第二年（一九四六）的夏天，我才和分別了九年的父親會面。這裡要補說一句：父親在戰爭時期一直在重慶，我是跟著伯父一家回到鄉間逃避戰亂的。我的父親是歷史學家，學的是西洋史，戰前在各大學任教授，一九四五年他去了瀋陽，創立了一所新的大學——東北中正大學。一九四六年六月我先到南京，再經過北平，然後去了瀋陽。

這時我已十六歲了，父親急著要我在最短時間內補修各種現代課程，準備考進大學。一九四六—一九四七這一年，我一方面在高中讀書，一方面在課外加緊跟不同的老師補習，主要是英文、數學、物理、化學等現代科目。我在這一年中，日夜趕修這些課程，希望一年以後可以參加大學的入學考試。我還記得，我第一次讀一篇短短的英文文字，其中便有八十多個字彙是陌生的。這時我已清楚地認識到，我大概絕不可能專修自然科學了，我只能向人文科學方面去發展。好在我的興趣已完全傾向於歷史和哲學，所以並不覺得有什麼遺憾。一九四七年夏天，我居然考取了東北中正大學歷史系。我的治學道路也就此決定了。

戰後的中國始終沒有和平，因為緊接著便爆發國共內戰。我在一九四七年底讀完大學一年級上學期時，瀋陽已在共軍的包圍之中，我們一家乘飛機回到北平。於是我的大學生涯又中斷了。我們在北平住了十個月，然後又在一九四八年十一月從北平流亡到上海。半年多以後，上海也被共軍占領了。在這一年半的流亡期間，我自然沒有上學的機會。

但是一九四八年在北平的十個月，我自己在思想上發生了極大的波動。這是中國學生運動最激烈的階段，北平更是領導全國學運的中心。在中共地下黨員的精心策劃之下，北京大學、清華大學的「左傾」學生發動了一次又一次的「反內戰」、「反飢餓」、「反迫害」的大規模遊行示威。我的一位表兄當時便是北大地下黨的領導人，他不斷地向我進行說服工作，希望把我拉入「革命的陣營」。這樣一來，我的政治、社會意識便逐漸提升了，我不能對於中國的前途、甚至世界的趨勢完全置身事外。我不是在學的學生，因此從來沒有參加過左派或右派的學生活動，但是我的思想是非常活躍的，在左、右兩極間搖擺不定。我開始接觸到馬克思主義，也深入地思考有關民主、自由、個人獨立種種問題。當時的學生運動雖然由中共地下黨員所策動，但在外面的知識分子並不了解內幕，他們仍然繼承著五四的思潮，嚮往的仍然是「民主」和「科學」。我在北平期間所常常閱讀的刊物包括《觀察》、《新路》、《獨立時論》等，基本上是中國自由主義者的議論。不過那時自由主義者在政治上已迅速地向左、右分化，左翼自由主義者向中共靠攏，右翼自由主義者以胡適為首，堅決擁護西方式的民主和個人自由。

我自一九四六年離開鄉間以後，曾讀了不少梁啓超、胡適等有關中國哲學史、學術史的著作，也讀了一些五四時期的有關「人的文學」的作品。因此我在思想上傾向於溫和的西化派，對極端的激進思潮則難以接受。馬克思主義的批判精神是我能同情的，然而階級鬥爭和我早年在鄉村的生活經驗格格不入。我也承認社會經濟狀態和每一時代的思想傾向是交互影響的，但是唯物史觀對我而言是過於武斷了。總之，一九四八年在北平的一段思想經歷對我以後的學術發展有決定性的影響。我對西方文化和歷史發生了深刻的興趣。我覺得我必須更深入地了解西方文化和歷史，才能判斷馬克思主義的是非。

一九四九年夏天，我的父親、母親和弟弟離開了上海，乘漁船偷渡到舟山，然後轉往台灣。我是長子，父親要我料理上海的家，因此留下未走。這一年秋天，我考進了北平的燕京大學歷史系二年級。從八月到十二月，我又恢復了學生的生活。在燕大的一學期，除了修西洋史、英文、中國近代史等課程之外，我更系統地讀了不少馬克思主義的經典著作。這個時期，大學校園的政治氣氛雖已改變，但嚴格的思想控制還沒有開始。我們還可以比較自由地討論馬克思主義的理論問題。不過越討論下去，不能解答的問題也越多，而且也遠遠超出了我們當時的學術和思想的水平。

我本來是不準備離開中國大陸的。但一九四九年年底，我意外地收到母親從香港的來信，原來他們又從台北移居到香港。一九五〇年元月初，我到香港探望父母，終於留了下來，從此成為一個海外的流亡者。一個月之後，我進入新亞書院，這是我的大學生活中所走的最後一段路。

新亞書院是一所流亡者的學校，由著名的史學家錢穆先生和他的朋友們在一九四九年秋天創辦的，學生人數不多，也都是從大陸流亡到香港的。從此我變成錢先生的弟子，奠定了我以後的學術基礎。

錢穆先生是中國文化的維護者，一般稱之為傳統派，恰恰與西化派是對立的。他承認五四新文化運動在學術上有開闢性的貢獻，但完全不能接受胡適、陳獨秀等人對中國傳統的否定態度。坦白地說，我最初聽他講課，在思想上是有隔閡的，因為我畢竟受五四的影響較深。不過由於我有九年傳統鄉村生活的薰陶，對於傳統文化、儒家思想我並無強烈的反感。到香港以後，我又讀了一些文化人類學的著作，認識到文化的整體性、連續性，我也不能接受全盤西化的主張。但是我繼續承認中國要走向現代化，吸收西方近代文化中的某些成分是必要的，而且也是可能的。因此我對於錢先生的文化觀點有距離，也有同情。但是最重要的還是他在中國史學上的深厚造詣對我的啓示極大。我深知，無論我的觀點是什麼，我都必須像錢先生那樣，最後用學問上的真實成就來建立我自己的觀點。我必須暫時放下觀點和理論，先虛心讀古人的經典，而且必須一部一部地仔細研讀。我不能先有觀點，然後在古籍中斷章取義來證實我的觀點。這樣做便成了曲解誤說，而不是實事求是了。

另一方面，我也始終沒有放棄對西方文化與歷史的求知欲望。我依舊希望以西方為對照，以認識中國文化傳統的特性所在。中西文化的異同問題，一個世紀以來都在困擾著中國的學術思想界，我也繼承了這一困擾。這不僅是學術問題，並且是現實問題。中國究竟應該走哪一條路？又可能走哪一條路？要尋找這些答案，我們不能只研究中國的傳統文化，對西方文化的基本認識也是不可缺少的。

西方人文與社會科學在二十世紀有巨大的進步，但也付出了巨大的代價。它的進步是越來越專精，代價則是分得過細之後，使人只見樹木，不見森林。怎樣在分析之中不失整體的觀點，對於今天研究歷史的人，這是一項重大的挑戰。帶著這許多不能解答的問題，我最後到了美國。

美國的進修

我在新亞時代，在錢先生指導之下，比較切實地研讀中國歷史和思想史的原始典籍。與此同時，我又在香港的美國新聞處和英國文化協會兩個圖書館中借閱西方史學、哲學與社會科學的新書。但我在香港時對西方學問仍是在暗中摸索，理解是膚淺的。一九五五年到哈佛大學以後，我才有機會修課和有系統地讀西方書籍。我的專業是中國思想史，在這一方面我至少已有了一定的基礎。在哈佛大學的最初兩三年，我比較集中精力讀西方的史學和思想史。所以我正式研修的課程包括羅馬史、西方古代與中古政治思想史、歷史哲學、文藝復興與宗教改革等。我並不妄想在西方學問方面取得高深的造詣。我的目的只是求取普通的常識，以為研究中國思想史的參考資料。

由於我從童年到大學時代都在戰爭和流亡中度過，從來沒有受過正規的、按部就班的知識訓練，我對於在美國研究所進修的機會是十分珍惜的。從一九五五年秋季到一九六二年一月，我一共有六年半的時間在哈佛大學安心地讀書。第一年我是訪問學人（visiting scholar），以後的五年半是博士班研究生。這是我一生中唯一接受嚴格的學術紀律的階段。這一段訓練糾正了我以往十八年（一九三七—一九五五）的自由散漫、隨興所至的讀書作風。依我前十八年的作風，我縱然能博覽群書，最後終免不了氾濫無歸的大毛病，在知識上是不可能有實實在在的創獲的。儘管我今天仍然所知甚少，但我至少真正認識到學問的標準是什麼。這是中國古人所說的「雖不能至，心嚮往之」。我的運氣很好，在香港遇到了錢先生，在哈佛大學又得到楊聯陞教授的指導。楊先生特別富於批評的能力，又以考證謹嚴著稱於世。他和錢先生的氣魄宏大和擅長綜合不同，他的特色是眼光銳利、分析精到和評論深刻。這是兩種相反而又相成的學者典型。楊先生和日本漢學界的關係最深，吉川幸次郎和宮崎市定都是他的好朋友。在楊先生的鼓勵之下，我也對日本漢學界的發展一直在注意之中。這又是我在哈佛大學所獲得的另一教益，至今不敢或忘。

由於時間所限，關於在美進修的一段，只能簡單敘述至此。我在學問上走過的路，以上三個階段是前期最重要的三大里程碑。後來三十年的發展都是在這條路上繼續走出來的，就不能詳說了。

直入塔中　上尋相輪

克魯格獎

陳：余先生，非常高興能有這個機會向您請益，也非常感謝您抽出寶貴的時間來接受訪談。關於「克魯格」獎（John W. Kluge Prize in 2006），也有不少朋友不了解這個獎的性質，先生榮獲的是第三屆吧？

余：要謝謝你。這是第三屆，第一屆是二〇〇三年開始，二〇〇四年第二屆，二〇〇五年沒有給人，二〇〇六年是我和佛蘭克林（John Hope Franklin）。他是研究黑人歷史的史學家，差不多九十多歲了。

陳：這幾屆的得主年歲都比較大，您是最年輕的吧？

余：都比較大。不過第一位柯拉科夫斯基（Leszek Kolakowski）只比我大三、四歲，他是從波蘭到英國牛津大學教書的，現在還健在。而第二屆得獎的兩位都故去了。一位是研究基督教史的大家嘉斯拉夫．帕利坎（Jaroslav Pelikan），還有一位是法國的哲學家保羅．利科（Paul Ricoeur），就是做詮釋學（Hermaneutics）的那位學者，他得獎的時候身體就不大好，不能來領獎。

陳：我們都知道這個獎項是人文學科的諾貝爾獎，而克魯格獎是如何設置的？獲獎者又是怎麼評選出來的？

余：事實上我也不知道，說老實話。他們有一個評選委員會。人文科學方面的各科的專家，經過提名以後，再寫信給上千位學者徵詢意見。據說可能有兩千人被徵詢過。也寫信到中國去過。被提名的人也很多，不知道確切的人數。反正就是人文和社會科學，諾貝爾獎不包括的領域。我就知道二〇〇四年的時候我曾被提名過。有人寫信告訴我，我才知道。但原以為提名過的話不會再提名入選，沒想到名字還在裡頭。所以獲獎多少有些意外，內幕完全不知道。

陳：這個獎是對一個學者總體的評價，而不是針對某部著作或某一方面的成績吧？

余：是一個終身成就獎，所謂 lifetime achievements，不是針對某一部著作和某一個學術發明。在這一點上和諾貝爾獎是不一樣的。

政治、黨爭與宋明理學

陳：這兩年我們知道先生的《朱熹的歷史世界》在學界影響很大[1]。我前段時

1 余英時，《朱熹的歷史世界——宋代士大夫政治文化的研究》（台北：允晨，二〇〇三；北京：三聯書店，二〇〇四）。

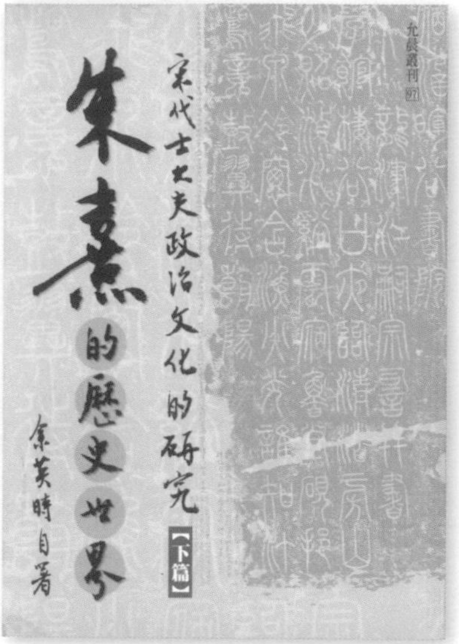
九晨叢刊 097
宋代士大夫政治文化的研究
朱熹的歷史世界
【下篇】
余英時自署
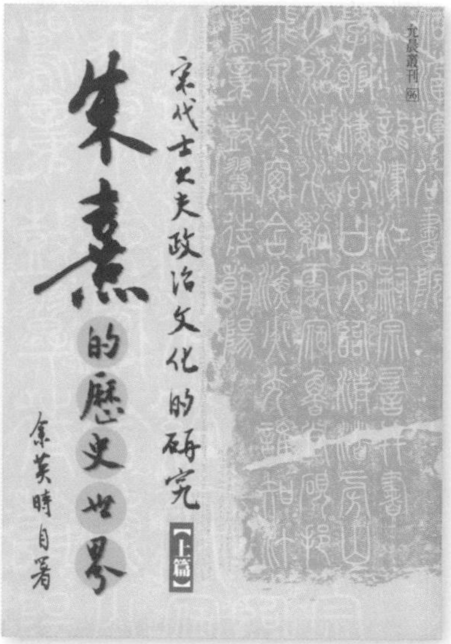
九晨叢刊 096
宋代士大夫政治文化的研究
朱熹的歷史世界
【上篇】
余英時自署

間也在看這本書，您在自序中說到本來是給《朱熹文集》寫序的，結果寫成了一部大著作，這是不是有點兒像梁任公（啓超）寫《清代學術概論》那樣？

余：那倒還不一樣。梁任公寫清代學術，他本來已經很熟悉有清一代的學術變遷，然後用十幾天的時間概括出來，寫成六七萬字的長序，最後獨立成書。他並沒有再作新的研究。我是本想介紹一下朱熹的思想怎麼產生的背景的，但研究不斷展開後，就發現了許多問題。以至範圍越來越大，最後變成思想史和政治史雙管齊下，不是專講朱熹一個人了。我特別注意他的歷史背景。隨著問題的不斷複雜化，我又發現了許多前人未注意的新史料。比如說周必大的全集，有二百多卷，裡面有很多原始檔案，還有許多奏摺，都沒有人看過。看過的人也對很多前因後果沒太注意，其中可以了解到朱熹和當時的政治關係有多深，比如慶元黨禁。我現在把朱熹在政治上的活動，和他在政治上成為精神領袖的原原委委全部找出來。這中間他和政治直接牽涉至少有十幾年的時間，的確牽連到權力集團和權力鬥爭，是保守的官僚集團和一個想有作為的以理學家為中心的集團之間的矛盾衝突。後者是有理想有抱負的，希望革除弊政，有徐圖規復的宏偉計畫。這與希望維持現狀的一群人形成矛盾。這中間還牽涉到祖孫三代皇帝之間的矛盾，所以頭緒繁多到不可想像的程度。我是足足花了兩三年的時間才整理清楚的。

陳： 這部書的角度我覺得比較特別。因為以前研究宋代理學，主要是從思想史的內部看，很少從政治生態和政治文化的角度來看。而您在以前研究清代思想，認為清代考據學的興起是由宋明以下理學發展的內在理路（inner logic）給逼出來的，這與研究朱熹的角度好像正好相反。

余： 情況不同，因為對清代的研究，以前從外部聯繫比較多，如說滿洲人入關以後大家不敢講大問題，有些歷史上的忌諱，逼得大家去做考證工作。這個我覺得是一個解釋。還有解釋就是清朝人反對理學。這些解釋並不是說不對，而是偏了，把思想內部的問題反而忘了。內部有兩個線索，一個是哲學上的爭論，朱、陸和朱、王之爭，使理學把考據給逼出來了，非考證不能解決問題。像毛西河（奇齡）是王學的人物，閻百詩（若璩）是尊朱子的。在此之前更早有與王陽明同時的羅欽順，他在《困知記》裡已經提出取證經書，分判經書裡哪些是假的哪些是真的，這就逼著你回到原典。而王陽明一定要講《古本大學》，這一點就是哲學的爭辯引向經典的真假遲早的問題，其中是有內在變化的。我研究宋代思想是因為幾百年來多講內部思想紛爭。傳統的說法集中在「理」與「心」之爭，大陸上說客觀唯心論主觀唯心論什麼的，都不免只講內部，不問外緣關係。這和清代學術研究的取向相反，也不免陷於一偏。但那時候思想的爭論事實上和黨爭之間有關係，這是沒有人解釋的。好像北宋王安石的理學、新學到南宋時候已經沒有了。二程與王安石之間的新學之爭，由此發生的政治之爭，似乎到南宋時整個不見了，其實不然。王安石改變社會並不是為了只是發明一條道理，或者說與佛教鬥爭。這對兩宋的學術來說是講不清楚的。

陳：所以您講原來的兩宋思想研究有抽離的問題。但後來也有一些爭論，您又寫了文章叫〈「抽離」、「迴轉」與「內聖外王」〉[1]，再申論這個問題。那些文章我也都看了。您講抽離是說哲學史家在談兩宋理學發生發展的研究中，一是把道學從儒學中抽離出來；二是把道體又從道學中抽離出來。您能不能再解釋一下這個「抽離」的概念，您是怎麼想的？

余：我所說的「抽離」是就思想史或哲學史上對於宋、明「道學」（或廣義的「理學」）的處理方式而言，其中包括三個層次。第一層是將全部

1 余英時：〈「抽離」、「迴轉」與「內聖外王」——答劉述先先生〉，載《九州學林》二〇〇四年春季號，又收入三聯書店版《朱熹的歷史世界》（二〇〇四），附論一。

宋、明儒學從一般政治、社會、文化的歷史脈絡中抽離出來，當作一種純學術思想的動態來觀察。第二層是進一步將「道學」從全部儒學中抽離出來，建構出種種形上系統。第三層則是將「道體」從道學中抽離出來作精微的分析，以確定其作為儒家形上實體的性質。這是因為宋明道學中本有程、朱「性即理」和陸、王「心即理」的兩大對立系統，一直存在著誰得「道統」真傳的爭論。在現代中國哲學史研究中，這一爭論又以不同的面貌出現。我並不是反對「抽離」，甚至承認以哲學分析而言，「抽離」是必要的。但是我在《朱熹的歷史世界》一書中，是從歷史觀點處理宋、明道學和政治文化的關係，採取了與「抽離」相異的方式；在歷史分析之外，更注重綜合。我一向強調「史無定法」，研究方法往往因物件而異。所以我用「抽離」一詞僅僅是關於研究方法的一種描述，並不含絲毫貶斥之意。

陳：您所建構的關於理學的歷史面貌好像和一般的講法很不一樣？

余：這是因為我的觀察角度不同，提出的問題不同，對於儒學性質的斷定也不相同。宋儒繼承了孟子與韓愈的「道統」說，一開始便提倡迴向「二帝」（堯、舜）「三王」（夏、商、周）之「道」，可見他們最關切的中心問題是重建一個合於「道」的人間秩序，而政治秩序（「治道」）尤其處於關鍵性的地位。所以在道學興起以後，張載就明白地說「道學」和「政術」是一事的兩面；他的〈西銘〉則代表了道學家理想中的人間秩序，因此成為二程教學的經典文本。程頤也說過「道學輔人主」的話。道學承北宋儒學復興大運動而起，整體的規畫並無改變。這一整體規畫，用孔子的話說，便是怎樣變「天下無道」為「天下有道」，但北宋儒者追求「天下有道」的使命感更強烈了，也更具體了。在這一理解下，強調「心、性」修養的「道學」也必須看作是當時儒家整體規畫（the Confucian project）的一個組成部分。因此我們似乎不宜將「心、性之學」單獨挑出來，當作道學的全部。道學在心、性問題上確和佛教有分歧，但北宋儒學復興也不能簡單地理解為韓愈辟佛運動的延續和擴大。這是因為北宋的佛教轉變了，同樣有「入世」的一面。釋氏之徒也希望「天下有道」，並且把這一希望寄託在儒家身上，從智圓到契嵩無不如此。

陳：所以您對王安石改革和道學之間的關係也提出了不同的看法。您是否可以簡單地概括幾句？

余：王安石改革代表了北宋儒家整體規畫的行動或實踐階段。行動的要求在范仲淹慶曆時期短暫改革中已出現，不過時機仍未成熟。范提倡「士」以「天下為己任」與「先天下之憂而憂，後天下之樂而樂」，這是宋代「士」的精神最扼要的概括，影響極大，見於石介、蘇軾、黃庭堅等人的文集之中。王安石也是在這一精神之下成長起來的。他的「新學」以儒家經典（特別是《詩》、《書》、《周禮》）為根據，加上佛教大乘精神的啓發，已具備道學家以來所發展的「內聖」、「外王」互相支援的規模。所以在熙寧變法開始時，道學家程顥也參加了王的改革總部——「三司條例司」。儘管道學與「新學」在具體內容上存在著不少差異，但二者的目的和思想結構是大致相似的，因此才有極短暫的合流。後來雙方鬧翻了，王安石的固執固然要負一部分責任，道學家的意氣過盛也未嘗沒有責任。程頤事後反思，也承認「吾黨爭之有太過……亦須兩分其罪」。總之，王安石能爭取到神宗的全力支援，使儒家的整體規畫有實現的可能——即所謂「得君行道」——這是當時各派士大夫都一致擁護的。不但程顥參與新法，劉摯（胡瑗的弟子）和蘇轍最早也同在「三司條例司」工作。朱熹說「新法之行，諸公實共謀之」，這是很中肯的歷史論斷。

王安石與道學的關係在南宋仍然餘波不斷，這可以分兩方面來看。第一，就王氏「新學」而言，通過科舉，它已成為官學。高宗一朝執政的官僚仍多由「新學」出身。雖有人提倡「程學」與「王學」相抗，想用二程的道學在科舉考試上取代「王學」，終不能敵。關於這一點，只要讀朱熹的《道命錄》，便可知其大概。道學在南宋成為顯學是張栻、朱熹等人出現以後的事。第二，王安石所樹立的「致君行道」的典範對南宋道學家繼續發揮啓示作用。這是因為南宋道學仍然遵守北宋儒學變「天下無道」為「天下有道」的大綱領。朱熹、張栻、呂祖謙、陸九淵等人在政治上都非常積極，希望說服孝宗進行「大更改」。他們並不是「袖手談心性」的人，而是要改變現狀，建立合乎「道」的新秩序，然後恢復失去的半壁山河。所以他們先後都捲入了權力世界的衝突，終於慶元黨禁。詳情這裡不能談了。

陳： 讀您的著作，我有一個很強的印象，就是您特別強調當時士大夫要與君主「共治天下」的觀念。特別講到宋代理學的出現這些問題，讓人覺得與以前的常識不太一樣。您是不是認為傳統士大夫的政治使命感超過了他們的道德使命感？在對王陽明研究的時候，您說他有一個很重要的思想就是「覺民行道」。這是宋代士大夫與君主「共治天下」和「致君行道」不成功之後的邏輯發展，還是主要是明代的政治現實造成的？

余：士大夫與皇帝「共治天下」是宋代儒家政治文化的一個最突出的特色，已預設在「士當以天下為己任」這句綱領之中。用現代話說，宋代的「士」充分發展了「政治主體」的意識：他們要直接對政治秩序負起責任。所以「共治天下」的觀念同時必然涵蘊了對於皇權的限制。「天下」不屬於「一人」或「一家」，而是「天下人之天下」；「士」則自居為代「天下人」參與政治、議論政治，因為他們來自民間各階層。「致君行道」首先要求「君」的言行必須合乎「道」，這也是對「君權」的限制。從王安石、程頤到朱熹、陸九淵等都曾公開地強調「道尊於勢」的理念，他們心目中的「君」，通過分析，則可見只是「無為」的虛君，程頤所謂「天下治亂係宰相」便說得很露骨，因為宰相代表了「在位」的「士」。至於「不在位」而在野的「士」則有「議論（批評）政事」的責任，因此宋儒把「士」分成兩類，前者是「天下之共治者」，後者則是「天下之論治者」。這並不是他們的政治使命感超過了道德使命感，而是政治與道德為一事的兩面，互相支援，互相加強。一方面，重建一個合乎「道」的政治秩序，使天下人人都能各得其所，便體現了最高的道德成就。另一方面，道學家特重心性修養，也是以治國精英為主要對象（從皇帝到士），而不是一般的「民」。所以朱熹對孝宗專說「正心誠意」四字；個人的道德修養為政治秩序提供了精神保證。

至於王陽明的「覺民行道」，明代的政治生態當然是一個極重要的背景。明代君主獨攬大權，已不容許士大夫有「共治天下」的幻想。而且明太祖一開始便對士階層歧視，「廷杖」便是專為凌辱士大夫而設的獨特制度。洪武十三年（一三八〇）索性廢除了宰相的職位，便使「天下治亂係宰相」失去了制度的根據。所以黃宗羲把這件大事看作「有明一代政治之壞」的起點。此中曲折已見我的專書與論文，略去不談。這裡我要特別指出的是在王陽明的時代，「民」的一方面發生了前所未有的變化，這才使「覺民行道」新心態的出現成為可能。所謂「民」的變化，即指十五六世紀「棄儒就賈」大運動的興起。一方面，由於科舉已不能容納越來越多的士人，另一方面又適逢市場經濟的迅速擴張，許多士人都「下海」，向商業世界求發展，因而造成了一個士商合流的社會。商業財富開拓了新的社會、文化空間，當時書院、印刷、鄉約、慈善事業、宗教活動等無不有商人參與其間。具有儒生背景的商人階層也積極創建自己的精神領域，他們對於理學表現出深厚的興趣，無論是王陽明的「致良知」或湛若水的「到處體認天理」都對他們有極大的吸引力。王陽明對這一新的社會變化十分敏感，因此一則說「四民異業而同道」，再則說「雖終日作買賣，不害其成聖成賢」。陽明早年繼承了宋代道學傳統，仍有「致君行道」的抱負。但王受廷杖、貶龍場之後，此念已斷。他在龍場頓悟所發展出來的「致良知」教，仍然以「治天下」為最後的歸宿，不過他對皇帝與朝廷已不抱多大指望，轉而訴諸民間社會。明代已不存在「聖君賢相」的格局，他的眼光從由上而下的政治改革轉向由下而上的社會革新運動。因此「覺民行道」代替了「致君行道」。這個轉變過程很複雜，詳見《宋明理學與政治文化》第六章[1]。我對於宋、明理學演變的研究，最初只是想恢復歷史的客觀面貌，但最後得到的論斷則有「通古今之變」的意外收穫。

1 余英時，《宋明理學與政治文化》（台北：允晨文化，二〇〇四；長春：吉林出版集團，二〇〇八）。

清代考據學：內在理路與外部歷史條件

陳：在現代高度商業化的社會，學科的分工越來越細密化。學者治學往往或專一藝，或通一經，已是難能，學者往往只有就局部和具體的問題進行研究，以先生之見，這是不是未來學術發展的趨向？學者是不是應該，或者怎樣才能做到兼通綜貫呢？學者是否應該關心一些大的問題？先生在面對一個一個問題的時候是否也有一個發展的過程？比如您談到儒家傳統中的議政精神，說到孟子以後到齊學中的轅固生、眭孟、蓋寬饒等言禪讓的知識分子，一直到東漢清議，明末黨社對政治的積極參與。後來又討論明清之際的學術的變遷，提出從道體的直接追尋「直入塔中，上尋相輪」，到由道之文來求道體的確立，「藏理學於經學」，後來講陽明學由「得君行道」轉向「覺民行道」，又講宋儒所說的「道統」、「道學」、「道體」皆指向三代之治的「社會理想」。您在提出這些問題的過程中，在學術上是不是也有您的「內在邏輯」？

余：我研究中國文化、社會、思想史，一向比較重視那些突破性轉變的階段，所以上下兩千年都得一一涉及，但重點還是在觀其變。比如春秋戰國之際，魏晉之際，唐宋之際，明清之際，下面到清末民初之際，都做比較深入的研究。而至於一個時代定型之後沒有什麼太大波動的，往往置之不論，所以在學術思想史方面，我並沒有從事前人所謂「述學」或「學案」式的工作。近人多喜歡寫一個時代，或通貫性的哲學史、學術史、思想史，我避免這種方式。因為我更有興趣的是尋找兩千年中的種種變動，主要是想破除中國二千年未變的偏見，比如說兩千年都是封建社會。中國的歷史自有它變化的步調，乍看起來好像沒有什麼劇烈的突破或者說斷裂，但你要是拉開時間來看，在幾十年或者一百年內，就會發現變動很大，有的時候恍若隔世。這和西方文藝復興以後所常見的那種里程碑式的變動，在表現形態上大不一樣。這也是文化整體上的不同。

你在前面指出：我的研究所涉及的時代和範圍很廣，如「議政」、「學術思想的變遷」以至社會動向之類。但進一步觀察，即不難看出：這些不同問題之間其實貫穿著一條主線，那便是尋找「士」在不同時期的不同表現和作用。這是我的研究重點之一。「士」是中國文化傳統中特有的一種群體，它不構成一般所謂「階級」，因為其成員來自不同的「民」，尤以農、商為主，而且他們的家境有富有貧，也不能一概而論。事實上，如果我們擴大「士」的概念，不限於科舉上成功的人，更不限於少數在學術思想上有成就的人，而包括散布在社會各角落中的「不第秀才」等等，那麼自宋以下，「士」的隊伍可以說是越來越龐大。他們一方面推動著社會變動，一方面也與世變共同躍動。這是中國史上一個大動脈。我所重視的正是這一種擴大了的「士」的群體，所以著眼點不全在上層的「精英文化」（elite culture），而同時也在下層的通俗文化（popular culture），尤其注重上下的交流與互動。我討論王陽明時代的「士商互動」與「覺民行道」即是顯例。

陳：先生對明清學術史的研究給人以極大的啓迪。對於清代考據學的興起，您和以往從外部和現象層面找原因不同的是，從儒學發展的內在邏輯上找原因。讀先生這方面的著作，我最受啓發的是先生所說儒學中講論道的體、用、文三方面來論述，我理解先生的觀點是陽明學之後，儒學對道體的直接追尋難乎為繼，開始從文的方面重新確認。以先生之見，晚明的楊升庵（慎）、焦弱侯（竑）、方密之（以智）等人已經開啓了考據學的傾向，而清初三先生講理學由經學來講貫，正是由直接體認道體的姚江之學給逼出來的。我想請教先生的是，三先生中為什麼只有顧亭林似乎對清代考據學影響甚大，而黃梨洲、王船山兩先生似乎對於開啓考據學的路向貢獻有限。他們雖偶涉考據，主要興趣似乎仍在直尋道體方面。看清代考據學者年譜和傳記等，他們大都很大程度地受到亭林《日知錄》的影響而走上考據學學術道路。但亭林一方面由經學而窮理，另一方面又特別強調經世之學，而乾嘉考據學者多取其前，而忽略其後，這中間又是什麼原因呢？

余：你說得很準確。以考據學而言，顧炎武的影響遠在黃宗羲、王夫之兩人之上。這中間的原因並不難找，最重要的是明、清之際只有顧一人以實際的成就建立一個典範（paradigm），為後來考證學家所遵奉、所繼承、所發展。這便是他的《日知錄》和《音學五書》。乾嘉時期錢大昕的《十駕齋養新錄》以及趙翼的《陔餘叢考》等都是在經、史方面分別發展了《日知錄》的「典範」。古音之學在清代成為空前的顯學，顧氏的開山之功更大。黃、王二人雖也博通經、史，但都沒有在考據方面留下示範之作。王夫之的著作繁富，但都是手稿，一直要到道光以後才逐漸行世，自不可能對乾嘉學術發生任何影響。所謂黃、顧、王「三大

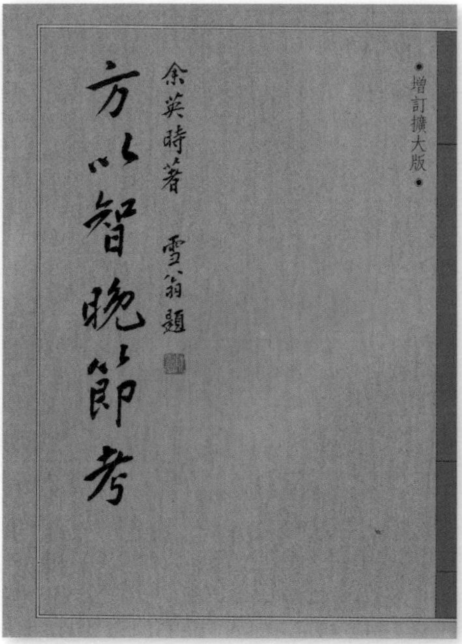
增訂擴大版
余英時著
雪翁題
方以智晚節考

儒」之說是在清末才流行起來的，其時黃以《明夷待訪錄》受推重，王則以反異族統治為反滿的學人所尊崇，與考據並無關係。嚴格地說，顧炎武也不是特意要提倡考據的人。他自稱《日知錄》包「經術」、「治道」、「博聞」三大項，其目的則在「明道」和「救世」。為了「明道」自不能不從經學下手，但要真正懂得經文又不得不先知道古代文字的讀音是怎樣的，因為「音」與「義」不可分。所以他說：「讀九經自考文始，考文自知音始。」清初為考據而考據的人其實應該從閻若璩算起，他的《尚書古文疏證》是清初考據學的代表作。江藩《國朝漢學師承記》便已道破此點。但顧既建立了有系統的考據典範於前，閻若璩也是在他的影響下成長起來的，所以後世往往稱清學始於「亭林、百詩」。

顧氏懸「明道」、「救世」為治學的鵠的，仍可說是回到北宋儒學初興時的「儒學整體規畫」（已見前文）。同時黃宗羲、王夫之也莫不如此。他們所共同追求的目的還是要重建一個合乎「三代之道」的政治社會秩序，不過他們不再強調「道體」之說，更不把「道體」限定在「心體」之上。這是針對明末王學的流弊而發，東林的顧憲成早已如此評論當時不關心「世道」、只知「講求性命」的心學家了。現在顧、黃、王諸人則要求重新開始「明道」，但不再從「心體」、「道體」入手，而是通過「考文」、「知音」的功夫在經典中發掘三代聖王是怎樣治國、平天下的，所以他們都特別強調制度與風俗的重要性。這便是你所指出的「經世」精神。「經世」即重建秩序的古典說法，「儒家的整體規畫」最後必以此為歸宿，否則便全部落空了。但清代的政治生態不僅上承明代的君主獨裁，而且由於異族征服的關係，對於漢族士人與庶民的控制也更嚴密了。宋代士大夫以天下為己任，並明確肯定自己是政治主體，應當與皇帝「同治天下」。但是清代皇帝根本不允許士大夫有此種抱負或責任感。乾隆便曾痛駁程頤「天下治亂係宰相」那句名言，說是「目無其君，大不可」。在這種情形下，儒家的整體規畫根本無從說起。乾嘉學者不能繼續「經世」的精神，而只從「考文」、「知音」的方面進行紙面上的「明道」努力，主要是這種客觀形勢逼出來的。但是乾嘉考據學人既然奉儒家理論為最高的「道」，他們在潛意識中仍然有「經世」的嚮往，我在別處曾討論過，這裡不必多說了。乾嘉以後，滿清統治由盛而衰，政治社會的危機隱然出現，所以道光以下「經世」的觀念又抬頭了。《日知錄》中卷論「治道」的部分也隨之受時人的重視，一八二五年魏源編《皇朝經世文編》便收進了《日知錄》中有關「治道」的多篇文字。大體上說，十九世紀中葉以後，顧炎武是以「經世大師」而不是「考證開山」的身分主導著思想界的。晚清經世運動的影響力主要來自顧的《日知錄》中篇八卷，是毫無可疑的。當時主要經世學者之一馮桂芬（一八〇九—一八七四），字「林一」，號「景亭」，即表示對顧炎武（亭林）的特致尊崇，而尊崇的重點顯然已轉移到「經世」方面來了。

陳：學術上的重義理與重考據的變化，還有道之體、用、文的追尋是否也與文化制度的變化有關係？比如科舉制度，明代中晚期姚江之學的興起，陽明三教合一的思想，使嘉靖以後釋老之學大興並且引入科舉考試八股文中，而乾嘉考據學的興起似乎也與科舉制度的變化存在著種種關係。先生在〈清代思想史的一個新解釋〉中指出的明清之際由德性之知轉向聞見之知，由尊德性轉向道問學以及經世致用的變化，的確發人深思[1]。清初顧亭林、閻百詩等人既尊程朱，又重考據，的確如先生所說是借助知識的力量來樹立道體，但與此同時，閻百詩、江慎修（永）等人似乎

1 余英時，〈清代思想史的一個新解釋〉，收入《歷史與思想》二版（台北：聯經，二〇一四）。

又特別強調著力於糾晚明舉業中的經學的疏失，他們譏諷明代學者的八股文不審音、不識字、不詳制度。由這一點我想到，清代考據學的興起除了先生所說的儒學發展的內在理路之外，是否還與科舉制度在明代積弊叢生有關係？而如果這之間有種關聯的話，那麼它除了思想發展的內在邏輯之外，是否也是制度影響到意識型態的層面？

余：關於清代考據學興起與科舉制度的關係，這是有清一代的學人早就認清了的。顧炎武、閻若璩、姚鼐以至江藩等都發過大同小異的議論。錢賓四師在《中國近三百年學術史》顧亭林一章，已引諸家之文，可以參考。但是經典研究和考試制度之間的互動，自古即然，並非明清所獨有。漢代經學便是在爭立博士學官的情況下發展出來的，所以從最初太學中設立五經博士，到東漢已增加到十四家。班固說當時一經說至百餘萬言，大師至千餘人，都因「利祿」而然。王安石為改革科舉而編著《三經新義》，支配了北宋至南宋初期的考試，差不多有一百年左右，然後才有二程之學起來競爭。朱熹的《四書集注》也是為了取代王安石「新學」而作的努力。到宋末元初，朱注已取得學術界的共同承認，這才進入科舉制度，成為明清六百年取士的基礎文本。我在近作〈論科

【新版】
歷史與思想
余英時
1976年出版迄今
【38年來本書不斷重印！】
中央研究院院士、2006年克魯格獎（Kluge Prize）得主——
余英時教授流傳最廣、長銷最久的作品
【新版】《歷史與思想》特別收入
為讀者撰寫的〈新版序〉
歷史與思想

もあった。こうした政治環境のも
、明代の「士」は宋儒の「君を得て道を行なう」
を受け継ぐことはもはや不可能になった。かく
である呉与弼（一三九二―一四六
私と中国思想史研究
余　英時
（プリンストン大学名誉教授）

舉的功能與意義〉一文中已特別指出：歷代考試的文本最初都是學術界公認的經典，而這些經典的批注也都是長期研究後的結晶，在當時為多數人所接受。但這些文本及其解釋在科場上行之既久，則逐漸流為「俗學」，後起學者也必然起來用新的研究成績，加以糾正。清代考據學的興起與「時文」空疏的背景有關，是可以肯定的。但二者之間的關係畢竟是間接的，學術思想上的重大變化仍應先從學術界內部的動態述之。

這裡我要澄清一下「內在理路」說。我從「內在理路」推斷清代是從明代的「尊德性」轉入「道問學」，一開始便說明這完全是由學術思想的內部發展著眼，但並不否認這一發展也同時受到種種外緣條件的推波助瀾。這是因為我一向持歷史多因論，不相信歷史變動由任何單一因素所造成。而且外緣條件也多至不可勝數，過去已有人（如章太炎）指出清代文字獄使學人只有躲在經典考證中避禍。這也是一個不可否認的外緣因素。上面我論政治生態也是就外緣而言，你提到的科舉的弊病也在外緣的範圍之內。但龔自珍說「入我朝，儒術博矣，然其運為道問學」，這是清儒自己的論斷，與戴震所提出的「德性資於學問」的命題完全一致。「考文」、「知音」式的考證不過是「道問學」的表現方式之一，而不是其全部，其他方式的表現還很多，我過去已討論過了，不待再說。要說清楚清代為什麼進入「道問學」的階段，這就必須深入學術思想史的內層去尋求種種複雜的線索，絕不是僅靠外緣條件便能交卷的。

陳：從您的論述中的確可以看到這種複雜性。清代考據學興起，經學相對發達，而史學相對薄弱，我看您對浙東史學比較推重。浙東史學中章實齋對袁樞評價很高，好像特別欣賞紀事本末體。是不是因為它紀事，以事為中心？這是不是比較類似西方史學講現象和事件之間的關係？而浙東史學好像在章實齋之後對清代學術沒有太大的影響？

余：他出名很晚。《文史通義》在江浙比較流行，但影響有限，直到二十世紀初才受到廣泛的重視。日本內藤虎次郎得到他的手稿，寫了《章實齋（先生）年譜》，胡適加以擴大以後，那他才出了名。那是在「五四」以後了。所以章實齋在史學方面的影響是有的，主要在史學觀念上面，他的見解恰好和西方觀念有相通之處。他特別欣賞袁樞，是因為袁樞以紀事為中心所寫的書，在紀傳、編年之外開創了一條新路。章實齋的通史觀念則含有哲學意味，發展了司馬遷「明天人之際，通古今之變，成一家之言」的說法。章太炎到民國二十年（一九三一）左右到北京師範大學去演講，提出「清朝一代能夠考史，而不能撰史」。這種評論也受了章學誠重視「通」的影響，所以他和梁啓超都有作新「通史」的計畫。章學誠在考證盛行的時代，能指出「史考」不是史學的最終目的，確實具有前瞻性的識斷。他對二十世紀中國史學的貢獻便在這裡。

陳：清代人考史，像筆記體一樣的著述居多？

余：對，基本上就像顧炎武《日知錄》那樣的，不過《日知錄》有整體的設計，不是零碎考證。從這方面講趙翼有開創性，他能在每一朝代找出特殊的問題。從各種傳記中，東引一條，西引一條，弄在一起，看到了一些現象，提出了一些問題。他可以說有所突破。他的《陔餘叢考》與《廿二史箚記》可以說是以事為中心的「史考」。但他已到乾隆朝，後來繼續這麼做的沒有什麼人了。民國以後才開始有了新的史學，多半變成論文了。就像陳垣說的，清人筆記像奶粉一樣，現代人拿水一沖沖出一大碗，就是一篇論文。這話有些道理，有許多人就是拿清朝一條筆記然後擴充材料，拚命發揮。但現在人做論文也不得不這樣，能從前人筆記中得到啓發，然後發展為現代的史學專論，便是一種進步。就看你採取什麼態度，清人筆記也是很好的方式。現在像清朝筆記這種寫法也還有，如錢鍾書先生那樣，他的東西都是在他的筆記裡面。他贈我《管錐編》時說是上承王應麟《困學紀聞》和顧亭林《日知錄》，這是老實話。他唯一和古人不一樣的就是他能廣引西方經典文學為大規模的中西比較，貢獻超過古人。

最後一位風雅之士：錢鍾書先生

陳：余先生，我記得上次見您，那是一九九九年吧，我去普林斯頓面試，當時正是錢鍾書先生剛剛去世。您當時說，錢先生是中國古典文化裡面最後一個風雅之士，這句話我印象很深。您是從什麼意義上那麼講？

余：現在像他那樣的人不大可能再產生了，因為他這個人是很特別的。除了才高和勤學之外，他很早就受前清遺老像陳衍那樣的人影響很深。要知人所不知，而且要追源溯始，比如某人說一句話，他要往上追兩百年，而且還不夠，還要往上追。這是所謂考據癖了，這在西方文史論著中不太有。現代學人更重視某一時代某一現象的大量發生，而不太重視某一觀念某一說法最早是出於何人之口，好像研究黃河的作用，中游和下游更值得注意，不必一定要追到星宿海。默存先生本是以研究西方文學為專業的，又在牛津受過嚴格訓練，西方典籍是上下古今，無不涉獵。哲學、心理學也在他的視野之內。但他的「中學」造詣一樣深厚。家學之外，主要受晚清遺老的影響。因此在二十歲左右已走上清代博雅考訂的道路，《談藝錄》和《管錐編》都是明證。我最近買到他的手稿本三大本，看他讀書是極為精到的，但他注意小地方太過了，所以他不肯談什麼大問題之類的。他根本不相信這類東西，他說像黑格爾這樣的建立系統，造個大房子沒人能住，這話也不錯。他的見解有獨到之處，所以我認為由錢先生來結束一個時代是中國文化的一道光彩——胡適說中國的古文由章太炎來結束也是一個光榮的結果——所以我對錢先生是非常佩服的。最近有人引葉恭綽的批評，說錢鍾書的問題是「散錢無串」。但我認為與其用不牢固的繩子把散錢勉強串起來，不如讓錢散置地上，一錢有一錢的用處，比想串錢卻都遺失了要好得多。

陳：錢先生對您也是非常欣賞。

余：沒有沒有，那是他的客氣話。你知道錢先生也有他世故的一面，他很客氣，不能把他的客氣話當真，我從來沒有當真過。當然這也不是說他說的是假話，但也不能在這上面真的認真。我們一共才見過兩次。

陳：我是聽陳毓羆先生說的。他說在文學所有一次他去找錢先生，錢先生從抽屜裡找出您給他的信，說：「你看現在國內還有誰能寫出這樣的信？」

余：他後來在《管錐編》扉頁上寫過，說有客來同看我的信，這客看來就是陳先生了。他是對我很好。因為我跟他談得還算很投契，他跟錢賓四先生關係也很深。他的書我也看得很熟，跟他當面問過、討論過。像《談藝錄》，還問過他一些問題。我也寫詩送給他過，你也看到了。

陳：我都看過。

余：至於我們的關係，因為前後很短，後來就沒有繼續了。他也不大願意多跟人交往。事實上他很有隱士的一面，他不太喜歡多交遊，錢先生是很自愛的一個人。

以通馭專，由博返約：錢賓四先生

陳：我看過您在回憶錢穆先生的時候曾經說，錢賓四先生是對您在學術上影響最大最深的一位老師。

余：因為我從前在燕京大學念過半年書，其他地方也念過。離開燕大的時候是歷史系二年級的學生。那時候並沒有決定念中國史，因為我對西洋史也很有興趣。進入新亞的時候，那時新亞連學校都談不上，只有幾間破屋子。那時候完全是由於錢先生個人的關係，才喜歡上中國史的。我受益於錢先生多半是在課堂之外，錢先生那時候上課的時間很少，因為他經常去台灣，他要去找錢。後來他在台灣又受重傷，很晚才回來。他教我怎麼念《國史大綱》，那時候的筆記我現在還留著。

陳：是不是就是您說錢先生要您留出一半空白來，與別人說的相比較，那本筆記？

余：對，就是那本。所以錢先生是領我進入中國史學之門的老師。在教過我的老師之中，錢先生對我的影響最大也最深，但我絕不敢說能繼承他的學術。第一，他的博大精深，我只能望洋興歎。第二，錢先生前後門人極多，比我高明的人指不勝屈。錢先生不肯建立門戶，也不要學生宣揚他的學說，所以這一點倒不是什麼問題。

陳：您覺得錢先生對您影響大的主要是哪些方面？

余：我想第一個方面就是他強調治中國歷史，看書要廣博，要前後貫通，我後來特別是研究思想史就證明他說的完全是對的。思想是聯繫起來的，先秦的歷史思想搞不清楚，下面也是模糊的。第二是他強調中國文化有自己的特色，必須潛心探討。這兩個論點都可以說是整體論的方法，重視綜合，可與個體論的分析考證之間取得平衡。

陳：是不是您說的「由博返約」？

余：「由博返約」的約字很難說清楚，一落言筌，就不是那個意思了，就出毛病了，不周全，只能做到「心知其意」。所以研究歷史雖必須從具體問題著手，但又不能陷於一個個的細節考證之中，隨時隨地都要保持和發展一種超於個別問題之上的整體把握。現在我們講論和證，所謂「論」就是西方的 argument。不能 argue 不行。沒有「證」也是空話，是平面的，光有架構也沒有用。

陳：這「論」和「證」的結合是最不容易的，您讓人佩服的也是在這上面。

余：這得慢慢來。從「證」的角度說，陳寅恪的史料掌握也不比陳垣高。但說到「論」，陳寅恪的結構是陳援庵所不及的了。陳援庵可以說是乾嘉的殿軍，他的考證規模且超過乾嘉。但在論的部分，他對中國史沒有發展出自己的整體看法，一九四九年以後便只好完全繳械，奉韶山為聖人，他就沒再寫出任何東西了。而陳寅恪晚年目盲卻仍有《柳如是別傳》那樣的大著作。

國學與現代學術

陳：一九四九年以後很多學者都不太寫大著作了。

余：馬克思在西方史學影響很大，但只是千百家之一，並未定於一尊。但他整體的理論是有問題的。他有些個別論點是極為深刻的。這要分別來看。馬克思本人就說他不是馬克思主義者。他是用法文說的："Je ne suis pas Marxiste." 但馬克思也是一個極端的實證主義者，把社會當作自然界一樣，要尋找必然的發展規律和法則，這是十九世紀的陳舊觀念。當時法國的孔德（Auguste Comte）也走這條路，今天已經證明是行不通的了。今天西方馬克思主義者也不這樣講了。法國的年鑑學派（Annals School）晚期的人，特別講到思想上去了，要按大陸的標準，成了唯心論了。他們也是受了馬克思主義的影響的。陳寅恪接觸了西方的哲學、社會學、心理學，但從不迷信任何一種西方理論，他深入史料，建立了新的概念，給中國史以特殊的 structure（結構）。他的概念和結構都是自得的，可以修改，但不容忽視。

陳：我想在文史研究領域，官方理論的主導地位，對思想史研究的影響比其他領域更深。怎麼對待這個問題就比較麻煩，是允許多元的展開，還是只能定於一尊。因為一談到思想史，就會接觸到意識型態的問題。

余：那當然。因為一碰到思想就遇到比較敏感的話題。我看到的好像比較多的還是中國的老辦法。考證一個制度，考證經典文本，把一段話一段文本解釋清楚，那不會碰到很大的問題。之後做什麼呢？西方也有這種作法，但這種作法的背後有一個大的架構，而小的具體的研究會影響到或會改變這個大架構的。不是大架構限制具體研究，而是具體研究會帶著大架構走，所以西方教科書每幾年要修改一次。比如女性主義出來，多元文化觀念出台，這和從前西方文化中心的觀念不同。那麼在中國有沒有這樣的變化呢？

陳：那比較難。因為意識型態上，如果獨尊地位沒有改變的話，真正多元的展開是很難的。當然現在相對來說是寬鬆了不少，很多過去不敢碰的問題，也有很多人在研究。比如基督教在華的歷史，其他一些宗教的教義、歷史，農民起義的評價問題。也有一些局部的對傳統觀念的顛覆，歷史人物和事件的重新評價等。這一方面是畢竟比以前要開放自由得多，另一方面有時候官方就是要管也管不過來，或者說一管反而起到反效果。

余：這裡有很深的矛盾在裡面。比如現在講國學講得很泛。那是怎麼講呢？是講經、史、子、集，還是怎麼樣？

陳：其實這個概念比較混亂。主要原因我想是社會上很多人不從事學術研究，包括新聞媒體炒作，會亂戴一些名稱。比如說誰誰是國學大師，好像到處都是國學大師。這就像王陽明的學生王艮說的「見滿街都是聖人」。

余：滿街都是國學大師。你現在看看中國這幾十年的學術方向是怎麼樣的，尤其是意識型態慢慢不起作用了。

陳：現在是上次您談到的國學比較熱的時候，對文史有興趣的人越來越多。我覺得這也滿好的。跟以前對人文特別是文史方面的輕視比起來，這是一個很大的變化。特別八〇年代初剛剛改革開放的時候，其實有一點科學主義在作怪了，副作用就是對文史和人文學科不大重視。當然現在可能還是重視得不夠，最近這十來年要好多了。國學的問題就像您上次講的，它本身名字是有些問題的。因為國學原是指傳統的經史四部之學，而與近代社會科學在對象和方法上是不同的。您上次講王國維在上世紀初已經選擇了近代的學術的取向，當時的國學大師如章太炎、黃季剛、劉申叔等人就多批評王國維，雙方在治學理念和取徑上可說是道不同不相為謀，而現在的國學熱顯然不是上承章、黃，所以一定要正名的話，不應該稱之為國學。

余：這個名字基本上是從日本人那兒借來的。日本先有了這個詞，然後中國才慢慢用這個詞。所以像《國粹學報》那個國粹也是從日本來的。日本也有國粹派和西化派。那現在文史哲各系和國學是怎麼個情況？

陳：不少大學成立了國學院。我在想這個國學的提倡是否有價值重建的意願在其中。因為馬克思主義在中國大陸幾十年，一些社會道德和家族倫理等問題，馬克思主義也未必照顧得到。這裡面有個價值危機的問題。國學和儒學的提倡是不是隱含了價值重建的意願？

余：我的看法是官方不可能重建。我覺得官方只是默許「國學」抬頭，但學者和民間的確有向傳統中尋求價值的意願。

陳： 我想國學和儒學的提倡是不是起到一個彌補作用。就是說有些原來照顧不到的社會價值，用國學或儒學可以照顧一下。體制化的儒學當然不存在了，也不可能重建。但國學和儒學是不是可以解決新時期體制上出現的一些問題？

余： 從某種角度看，國學的重點似不在學，而在於「國」字。

陳： 您是說民族主義？我記得在什麼地方看過，您是對民族主義的另一面有一種擔心，有一種隱憂。

余： 因為民族主義是一個很重要的政治力量，過去我們受西方影響，也受馬克思主義影響，以為民族主義已不能再發生作用。馬克思主義講國際主義。民族主義英文叫 nationalism，其實也可以翻作「國家主義」。過去青年黨那些人就翻成「國家主義」。聞一多早年相信的也是國家主義。這在馬克思主義看來是反動的東西。在西方社會科學界大家也認為在十九世紀剛剛成為 Nation State，許多國家成立的時候，後來就成為絆腳石了。像德國的納粹黨，那就是國家社會主義，靠民族主義文化來號召，把其他的人種民族看作低一等。因為你一定要把自己的種族看得比別人高，才能成為民族主義。這裡面和民族情緒關係很大。在西方最早看到民族主義的政治力量的是英國的 Isaiah Berlin（以賽亞．伯林），他在五〇年代寫過一篇文章專講民族主義的力量。現在看來是有遠見的。像中東就是把民族主義和基本教義聯繫在一起的，思路就是說我們民族原來是在很純潔的狀態，至善至美，沒有被外面的東西污染的，後來壞掉了。

陳：您的說法是有道理的。但我在想民族主義是否也是起到一種凝聚社會、統合價值的作用？

余：我想把民族或文化認同與民族主義作一區分。今天世界上客觀地存在著不同的民族或文化的群體，彼此之間必須互相尊重，這是大家都承認的道理。這種集體認同的確有凝聚和統合的作用。一般所謂民族主義則帶有「非我族類，其心必異」的情緒，且不免衍生排外和仇外的衝動。這和今天「全球化」的趨勢是有衝突的。我們只能在承認人類有普世價值的大前提下，保持個別民族或文化的認同。中國自古以來便有文化或民族認同的傳統，但同時也有「天下一家」、「大同」的意識。另一方面，每一國之內，民族與文化也不都是單一的，美國今天便重視內部的多元文化（multi-culture）的原則。中國地方大，人口多，除了許多少數民族之外，還有地方文化也開始抬頭。在這種情形下，建立一個共同文化認同已非易事，鼓動民族主義的激情則更有很大的風險。換一方面看，即使在學術思想的領域中，我們也很難想像怎樣統一在一個系統之下。今天人文研究上仍是形形色色的西方理論占據著中心地位，很少看到「中國特色」。那你看文學研究的情況是怎麼樣的呢？

陳：文學研究我想分工很細，問題深入的還是滿多的。

余：換句話說，大家做的工作不太相干，大的問題不太談。

陳：大的文學史的工作也有人做，但這種做法不太一樣。因為西方學術裡寫史一般都有一套思想在裡面，他是一整套的理解。

余：現在也有重新寫文學史的提法。

陳：但是文學史的寫法有很大講究，一位朋友告訴我，到現在為止，有上千種之多。思想結構上雷同的比較多，真正有新意的占的比例太少。當然教科書不用說，那是為了教學的目的。這不像西方寫史，它有一套概念，或者說建立一個 paradigm，這個 paradigm 是對是錯，有什麼問題且不用說。如果我們總是千篇一律那是有問題的。當然有的文學史是擴大篇幅，增加很多材料，如果只是比原來部頭大得很多，我想這還是不夠的。不知道有多少新的解釋，提出多少新的問題。

余：現在是不是有一個現象，就是老一輩慢慢沒有了？從前我們都有一個感覺就是背後還有老先生在。你在南大是跟誰念的？

陳：我們進校的時候是程千帆先生。因為那時是梯隊式，程先生在上面，梯隊裡還有幾位先生。指導我論文的是周勛初先生。

余：你覺得受誰的影響比較大一些？

陳：我覺得程先生比較威嚴一些，其實程先生本人是即之也溫的，但是不知道為什麼就是有點怕見程先生。周先生和其他幾位老師平時接觸比較多。

余：程先生在中央大學是黃季剛先生的學生吧？我看吳宓的日記常常提到他。他和沈祖棻先生是吳宓先生請到武漢大學去教書的。周勛初先生的老師是哪一位？

陳：是胡小石先生。

余：胡先生和吳宓他們思想上也很接近，都是反對胡適那種新學的，跟「五四」以來的新文化是格格不入的，是比較傳統、保守一派的。黃季剛當然也是這樣的，他看不起胡適這樣的新學。

陳：章太炎、黃季剛也不太看得上王國維。您認為章、黃是不是繼承了乾嘉學術的傳統？

余：章、黃當然是繼承乾嘉的，但也不是乾嘉完全能範圍的了，特別是章太炎。我的理解是他們強調自己特別的領會。章的好處是有系統有條理，這是乾嘉小學家、考證學家所沒有的。但他已受到不少西學的影響，才能如此。所以現在我們說中國研究思想史當然梁啟超有開山之功，但是章太炎的影響也非常大。他寫的《訄書》、《國故論衡》和《檢論》那都是題目很大的。他成系統而且有自己的看法，所以對新學派，像王國維這樣的多有微詞。其實王國維也是乾嘉出身。他和當時大家認為最有學問的那位問學來往很多。

陳：您是說沈曾植？

余：是沈曾植。王國維很謹慎，從來沒有說起章、黃他們。黃侃在音韻上當然有他的特別成就。但除此以外，在文學上當然大家各有各的看法了。章太炎和黃季剛主要是五朝學，劉師培也是這樣，他們當時是以選學反對桐城派。這是他們的特色。羅、王他們所說的甲骨材料，他們認為是假的。黃侃偷偷地看，但也不敢公開地用，給自己設立了限制。甲骨是有假，但是後來殷墟的發掘證明那是千真萬確的。所以在這裡丟掉這麼一大塊土地，就很吃虧了。現在有一些只看線裝書的人跟他們氣味相投。要說現代學問的開拓上面，他們的確有局限。但他們又的確有獨到的見解，絕不可輕視，像胡適對黃侃的批評也是不公平的。彼此輕視是很難免的。他們看新學是很淺陋的，黃譏笑胡適講《詩經》連音都讀錯了。白話文更受他們輕視了。我看過章收到胡適《中國哲學史大綱》時的一封謝信，開頭稱呼是「胡適你看」，這是用白話翻譯文言的「胡適兄鑒」，這是明擺著不屑，不是幽默。

陳：章太炎尤其喜歡用古字。他的著作裡常常用古字通假字。

余：其實這是擺架子，擺小學家的架子。看他的書要去查字典，有的字典也查不著，這有什麼道理呢？

學問與性情，考據與義理

陳：您說這個以選學反桐城，桐城派是宗奉程朱的。

余：那是。姚鼐他是最佩服程朱的。早前的方苞也是這樣。在思想上是，但是文字是另外一回事。

陳：姚鼐曾經想拜戴震為師，戴震為什麼不收他呢？

余：戴震平生不輕易接受別人拜師，像段玉裁也是經過好多次他才勉強答應的。姚鼐初見戴時，震於他的經學造詣，故有拜師的請求，但並不深知戴的思想。如果拜師成為事實，我想他也會後悔的。

陳：您寫的戴震自己矛盾的地方，這個很有意思！他這個義理和考證之間的張力，好像以前人們沒有太注意。

余：其實我是藉助於章學誠對他的批評，才發現這一矛盾的。戴是認真要「聞道」的，不甘於以考據自限。這一點前人也已看到，不過沒有系統的論證罷了。

陳：我看那時候的東西覺得即使是在考據學乾嘉漢學最盛的時候，講義理的力量也還是很強的，這和當時科舉考試的制度應該是有關係的吧？我這幾年參加文哲所林慶彰先生主持的清代經學研究的計畫，一直對明清的科舉制度及其與學術的關係非常關注，我看了明清時期的科舉考試的朱卷和一些年譜、族譜，還有些方志的資料，發現科舉考試的一些變化與學術趣向的轉移似乎也有很大的關係。因為我看清人的朱卷，乾隆中期以後，確實漢學對科舉制也有影響，比如劉師培的叔父劉顯曾的考卷，他的確想運用漢學訓詁的方法在考試中應試。但是看來考據對考試的影響又是有限制的。因為不管怎麼說考試還是首重四書義及理學，所以我想考據的影響力還是有限的。所以乾嘉時期，好像考據是考據，義理還是義理。

余：科舉受考據學的影響不大，劉顯曾應是清末的事了。這和考官本人是否重視考據有關。戴震考不上進士便可以說明問題。另一方面，科舉上也談不到理學或義理的問題，四書不過是敲門磚，用過就丟了。應試的人大概以讀「闈墨」為主，這是暢銷書。昭槤在嘉道之間寫的《嘯亭雜錄》記當時琉璃廠書店連理學基本書也買不到。在商衍鎏記述清代科舉考試的書中，我們也看不到考據學進入試場的證據。所以義理與考據之爭主要還是學術界的事。

陳：考試是敲門磚的說法，當時的確很多考據學者都說過，像段玉裁、王念孫、阮元都說過。他們在口頭上也尊程朱，可實際上興趣卻始終在考據和訓詁上面。戴震進京的時候，由於錢大昕的宣傳，好像特別轟動，那些搞考據的領頭人物都跟他結交，可是他們對他講義理又沒什麼興趣。

余：戴震是被他周圍的考據學者包圍了。他重考據和他入都的時候結識幾位考據學者也有很大的關係，錢大昕首先替他宣傳。而這些做考證的人是不想講義理的，因為這個是空談，你可以這樣說，他可以那樣說，所以他們也不想有什麼總結性的東西。有些人的興趣就是考證，後來考證到金石文字上去了。

陳：這和個人性格也有關係吧？

余：性格當然也有關係。章學誠便特別強調做學問要先自知性情所向。中國一向有「高明」和「沉潛」之分，西方也有「軟心腸」、「硬心腸」之別。Berlin（伯林）則以「刺蝟」與「狐狸」來區分。總之，有人建造系統，有人傾向於多聞博學。

陳：我看您談問題很多從大處著眼，除了受錢賓四先生影響以外，是不是也是受西方學術的影響？

余：我在美國生活和工作了半個世紀，受西方學術和思想主流的影響自是不在話下。西方的學問以專題研究為正宗，其中必有主題，然後從各方面細節去論證，最後建立起一個有結構的整體，這正相當於中國所謂由考據通向義理的途徑。不過專題的主旨不能大而無當，以至沒有下手處。社會學家羅伯特・默頓（Robert Merton）在二十世紀五〇年代提出「中矩程理論」，很受學界重視。我所做的工作大致即屬此類。

「直入塔中」與「史無定法」

陳：余先生，您現在對什麼問題比較有興趣？下一步的計畫是研究什麼？

余：我現在對唐代比較有興趣，不過只有一些初步的構想。現在年紀大了，能做多少也不知道。如果身體還好，我想集中看看唐代的詩和禪宗語錄等資料。換句話說，就是探討一下唐代的精神世界。你知道在唐代的精神世界裡儒家實際上占不了什麼位置的，不是佛教就是道教，佛教更重要；另外一個在文化上非常重要的就是詩，當然這要以當時整個歷史為背景。我現在就想再補看一些唐代的歷史資料，包括《全唐文》、《全唐詩》、兩《唐書》一類，等等，然後從歷史的角度，看看它在文化史上占有什麼樣的角色。

陳：現在在國內，在別的地方也是，關於禪宗與唐詩的關係，做的人還有不少。當然您做的會不一樣了。

余：這些研究我大概也不會都看，也收集不了很多。我肯定是從原始文獻和我所做的歷史的角度出發，談宗教時也不會著重在宗教教義，談詩也不會談詩的技巧、詩的精神之類的。我可能和我研究理學一樣，採取一個別人不大注意的角度，所以大概不會與什麼人有正面衝突的問題。我大概會選擇一些現代的研究看看，但也不會都看，像寫博士論文那樣，把每一篇相關文章都找出來，那不得了。那不是老年人所做的事情。

陳：做博士論文的確是這樣，做起來非常累，也是近乎體力勞動了。

余：它是給你一種訓練了，有的事情非常繁瑣，尤其那些細部的考證，還有哪些問題都有哪些人討論過，非常繁瑣。當然也有些是裝門面了。你在美國漢學界工作過，你知道。有些東西像 bibliography 之類的，那是做門面的東西。不要說中國了，你想想唐代的佛教研究在日本還得了嗎？光日本就有成千上萬的研究。所以我只能了解個大概，看看有些什麼重要的。

陳：我看先生的著作，一般主要是直接去找原始的第一手的資料。

余：因為你如果先從別人那裡入手的話，那就有先入之見，反而不容易看到真相了。別人說了的話好像是定論一樣，你無形中會受到影響。我現在是年紀大了，可以倚老賣老了，不一定要像年輕人那樣每一個細節都去追，那樣就寫不出什麼東西來了。時間都耗費在技術上面，二手文獻上，不一定接觸到原來的精神。我想像唐以後不存在一樣，直接回到唐朝。

陳： 這恐怕也是「直入塔中，上尋相輪」吧？

余： 跟塔的外面看相輪不一樣，我想在裡面攀登，能攀登多少是多少。美國有一位重要的哲學家，二十世紀五〇年代以來分析哲學的領軍人物，叫蒯因（Willard Van Orman Quine）。他在自傳中說，早年他治邏輯，對於一切有關的最新論著都一一看過，但後來數理邏輯這一門太發達了，論文已不可能完全過目。因此只好自己進行原創性研究，等研究告一段落後再檢查一下二手資料，看看有沒有補正的。數理邏輯是現代日新月異的尖端科學，尚可如此，我們研究文史的，更可以如此了。不過怎麼處理其他同行的論著，中間的分寸是費斟酌的。

陳： 是有一個把握分寸的問題，要是所有的都看恐怕也看不過來。

余： 對，要把握好分寸。二手材料一大堆，有些根本是沒有什麼價值的。真有貢獻的不能遺漏。包括老一輩像陳寅恪研究魏晉南北朝，他不會把以前中國人、日本人的研究都引進來，有些跟問題的主旨有關係的，或者是幫他解決了某個問題的，他才會提到。所以我想，這也是現代做學問應該注意的。這是方法論上的問題。

陳：說到方法論，我覺得要做到論、證的結合，就像您昨天講您受錢賓四先生的影響從大處著眼。錢賓四先生說過要「以通馭專」，關於這個「以通馭專」應該怎麼理解？

余：其實不只是錢先生，中外古今都有這個要求。西方的通識教育便是為此而設立的，具備了「通識」之後才能去選一專業。錢先生大概也受了章學誠的影響，即所謂「道欲通方而業須專一」。但要深入討論，這裡是不可能的。西方的方法論上有「個體論」（individualism）和整體論（holism）之分，也與「專」與「通」有密切的關聯。至於如何「以通馭專」，那就得靠每一個學人自己去運用了。過去我曾經提出「史無定法」四字，現在我還要補上「史無定理」。

陳：可不可以進一步解釋一下？

余：從古至今，研究歷史已有種種不同的方法，也有許多既成的理論，但一個史學家究竟在研究某一問題時應該採用什麼方法和參照哪些理論卻沒有一「定」。這主要是由你所面對的經驗性的資料來決定的，相當於量身而裁衣。如果執定一種方法一個理論，其結果必然是失敗的。

「哲學的突破」與巫的傳統

陳：不過說到「史無定理」，西方有些學者也會探討一些比較普遍的帶有規律性的東西。像您引用過帕森思（Talcott Parsons）所說的理論，就是所謂早期「軸心時代」（Axial Age）的「哲學的突破」（philosophical breakthrough）的問題。

余：這個最早是德國的哲學家講的，是雅斯貝爾斯（Jaspers）講的。他寫的一本書叫 *The Origin and Goal of History*（《歷史的起源與目標》），是一九四五年翻譯成英文的。我最早看的是耶魯大學出版的。「軸心時代」的「哲學的突破」的問題最早是由他提出的，後來韋伯（Max Weber）也講到這個類似的問題。他們說的是世界上好幾個古老文明大約在同一時代，就是西元前一千年以內都發生了哲學的突破的現象。像印度的吠陀哲學、古希臘哲學、以色列的宗教覺醒、中國先秦諸子的興起，這幾個很明顯地是在同一個時代。其實從文學方面看也是如此。聞一多在一九四三年便指出，中國、印度、以色列、希臘都在同一個時期出現了詩歌。軸心時代的哲學或文學突破既是古代一個普遍現象，當然表示有某種「規律」或「通則」式的精神發展，但我們也可以把它看作一種「通識」。接下來便是「通」怎樣和「專」聯繫起來的問題。這就必須分別對這四大文明的「突破」進行專題的研究。因為四大古文明雖然同有過「突破」，但每一文明的歷史背景和「突破」後的思想方向卻各個不同。我曾寫過一篇英文長文，專門提出中國的「軸心突破」是以禮樂傳統為其背景的，而禮樂之中原含有「巫」的成分。儒墨道三家都克服了「巫」的早期影響力，而同時又把「巫」的神妙功能收歸到每一個人「心」中。這篇長文只有一個提要發表了，全文的注釋因為其他論著而未及完成。所謂「巫」在西文中是和 Shamanism（薩滿）互相關聯之處。這是我「以通馭專」的一個實例。

陳：有人說 Shamanism 是北方游牧部落（nomadic tribe）中產生的，也有人說是漁獵部落，在東北亞很流行。

余：「巫」和 Shamanism 的起源和分布問題很複雜，我不能討論。Màcea Eliade 的多種著作指出了一個大概。我想強調的是，「巫」本是天神和人間的媒介，但巫要降神附在他身上，必須把自己的身體洗得乾淨。

陳：就是孟子說的「齋戒沐浴然後可以事上帝」。

余：是的，「齋戒沐浴」便是為迎神。先秦各家的哲學突破，大體上說，是要把「巫」的成分從禮樂傳統中驅除出去，而代之以「心」。每人都有「心」，如加以修養，即可上通於「天」或「帝」或「神」。所以孔子把「仁」看作「禮」的精神核心，而「仁」必由「心」的修煉而成，因此說顏回「其心三月不違仁」。莊子講「心齋」，講「禮意」也是同一方式。「心」打掃得乾淨了才能使「道」凝聚在其中。韓非「虛心以為道舍」即明顯受莊子的啓示。《管子．內業》中的「精舍」也是指此「心」而言。由此可知，先秦多家都以「心」代「巫」，發展了自己的哲學立場，並對禮樂提出了各種不同的解釋和修正。由於以「心」代「巫」的突破，先秦很多思想家都重視把「心」修煉到完全淨化的狀態，如荀子所謂「虛一而靜，謂之大清明」，使它可以引進「道」來，長駐其中。這一特殊的突破背景也給中國傳統的思維方式帶來了某種特色。最顯著的即是比較偏重最後所達到的「悟境」（不一定是頓悟），而相對地不甚注重悟道的論證過程。所以我們去諸子書中往往只看到精微的論斷語，但不知道這個結論是怎麼得到的。金岳霖從西方哲學的背景觀察中國哲學的特徵，曾指出，中國的知識論和邏輯意識比較不發達，又說中國哲學特別喜歡講「天人合一」。這兩點都與最早以「心」代「巫」的突破有關，但這裡不能細說了。

陳：看西方學術著作，特別是歷史學方面的著作，往往覺得他們相對來說不太注重結果的是非對錯，而更注重一個論題的深入，論證的過程，這是不是他們稱之為 conceptualization, methodology 或者是 paradigm 呢？而我們傳統的歷史學比較強調「真」字一字訣。這是不是也有您所說的「工具理性」和「價值理性」的差別？說到價值的問題，哲學的突破在先秦時期從文字的變化看價值觀念的形成是一個很有趣的現象。我這些年做這方面的研究，覺得像「仁、義、禮、智、信」和其他一些比較抽象的名詞，是經過了一個從具體到抽象的所謂抽象化（abstraction）的演變過程。像「孝弟」的孝字，在甲骨文、金文裡面看的時候，它的涵義是比較具體的，本來是指在祭祀中用酒食準備好，給被供奉的人吃，後來字義從內涵和外延上都發生變化，慢慢變成事親敬祖，越來越抽象化，被添加了很倫理的內容。您說的哲學突破的時代，很多概念都是這樣被抽象化了。

余：這可以分兩層講：一是觀念從具體到抽象，一是軸心突破之後，先秦諸家建立起一個超越的世界，以「道」字為象徵。這個「道」的超越世界便可用來檢討、反思以至批判現實世界。「道」代替了突破前的原始宗教。觀念的抽象化和超越世界的創建是密切相關的，所以陳寅恪給沈兼士的文章寫的跋裡面講，研究一個字就是一部文化史。這就是你說的從文字學可以發現思想觀念的演變，研究小學的人像章太炎、黃侃等也表示過相似的意見，主張根據六書，看字的形聲義的演變。黃侃就說光認識字那是字典功夫，不一定是小學家了。所以你從文字的演變，從小處看能看到很多問題，從大處看也看到很多抽象的問題，大大小小可以互相印證。

陳：我在博士論文裡面說的是"A word is a world of thought"。像您說陳先生說的，不光是抽象的問題，有些概念的所指會發生變化。比如說看金文和文獻就發現「中國」和「華夏」的夏字，特別是「夏」字在東周和西周所指就不一樣。西周所說的夏是周人周文化，周人說他是「夏」人或「夏」人的後代，這好像有些跟商朝人爭正統的味道。

余：你所說的「夏」字意義的變化很有趣。可能與傅斯年的〈夷夏東西說〉有關。我在《雲夢秦簡．遊士律》中曾發現秦人也把自己定位為「夏」。秦也在西方，可能有與當時「諸夏」之國爭正統的意識，這和你的說明恰可前後呼應。

陳：可是東周以後，平王東遷，夏的概念就轉移了。因為它是跟著周人走的。文化中心的轉移，這才使中國和諸夏的概念明確出現。

余：我想最早的「夏」怎麼來的也很難追了。

陳：因為甲骨文裡面沒有這個字，至少沒有作為朝代名稱的「夏」字。

余：是啊！那這個字和我們所知道的夏朝到底是什麼關係呢？包括後來荀子所說的跟雅字又有關係了。「雅人安雅，越人安越」。這樣這個字就像你說被抽象化了。這可能本來是指一個地名、一個民族，後來指很多地方、很多民族，諸夏後來又指某種生活方式，這就進一步抽象化。其他的就是戎狄什麼的。最早我想戎狄和夏都是具體的。

「內向超越」

陳： 記得我第一次看先生的著作還是在一九八〇年代末期，當時我在北京，有一次和一好友去社科院近代史所聽一個座談，座談的內容是討論先生的《從價值系統看中國文化的現代意義》，當時國內還沒有出版先生的著作，當時我也不知道您是誰，這本是近代史所油印的。當時看的時候似懂非懂，但是感覺還是有不小的震撼。您知道八〇年代正值大陸興起文化熱，文化熱的背後暗含著以西方文化所代表的民主科學和法制來重新評估中國文化的思想，但對於西方文化的理解，有些問題不夠深入。而這篇文章中所談到的「真實世界」與「現象世界」、「超越世界」與「內在超越」、宗教與科學的關係，所談到的西方外在超越的價值系統不但沒有因為現代化而崩潰，恰恰為現代化的發生和發展提供了精神源泉。這些我當時是覺得很受啓發的。剛才您講內在超越，您說要改一字叫內向超越，您能不能解釋一下您是怎麼考慮的？

余：《價值系統》這冊小書原是一九八三年在台北的一次講演，後來寫成四萬字的一篇長文，由時報文化出版公司在一九八四年印成一本小冊子。

對中國文化中的價值系統提出一個比較全面的看法，在我是一次很大膽的嘗試。以前有關中國歷史與文化的論著，我主要是選擇專題研究，因為範圍有限，材料也可以控制，所得的論斷雖未必一一中肯，但大致都有具體的證據作支援。現在上下古今通論中國的價值系統，便不可能把每一論斷都建立在具體證據之上了，其間免不了層層抽象與躍越。不過我仍然盡量求謹嚴，根據以往所學所思，逐步上升。好在我只不過是從價值觀點提出一個整體的觀察，始講一說，絕不敢有「一口吸盡西江水」的妄想。出版以後，當時台北學界有過討論。兩三年後，恰好遇到中國大陸上的「文化熱」，這部小書竟引起更廣泛的注意。尤其出我意料的是，其他國家的研究者也對它很感興趣。一九九一年美國舊金山一本英文雜誌（*Heaven Earth, the Chinese Art of Living*）刊出了全書的提要，德國 Martin Miller 則根據此書寫了一篇評介兼翻譯的論文，刊行於一九九五年（*Die Mordenität der Tradition*, Munster: Lit, 1995）。最近韓國哲學教授金秉峘又剛剛完成了韓文譯本，要我寫一短序。所以《價值系統》成了我流傳最廣的論著之一。

我寫《價值系統》時雖已預設了古代「哲學突破」的重要性，但當時並未深入考察中國古代「哲學突破」的歷史過程。因此在中、西文化對比中，順手用了「內在超越」和「外在超越」一對名詞。這個對比當然只是就大體成一相對性的畫分，並非絕對的。我的大意是說：「突破」以後，「超越世界」與「現實世界」公開了；從此以後，價值之源在超越世界，人可以持此以評判現實世界的種種不完善。這是中、西之所同。但由於中國的「突破」比較溫和，因此這兩個世界之間的關係與西方不同。西方的超越世界（或稱「彼世」，other worldliness），完全超於現實世界（或稱「此世」，this worldliness）之外或之上，無論是柏拉圖的「理型世界」或中古基督教的「上帝之城」都是如此。中國的兩個世界則大致是不即不離的，儒家如此，道家也如此。我既稱西方為「外在超越」，順理成章地便說中國是「內在超越」了。

後來發現不少人都把我的「內在超越」理解為 immanent transcendence，這便引起神學和哲學上的糾紛了。「突破」以後，代表「超越」的「道」確實在很多情況下隱指一種精神實體，似乎流行在宇宙之中。我承認古人有此認定。但作為一個學歷史的人，我自己對宇宙間是否確實存在著這樣一種精神實體（「道」或「道體」）則既不能肯定，也不能否定，因為我從來沒有過「體道」的經驗。正如我對「上帝的存在」不能不持存疑的態度一樣。現在我從歷史的角度討論中國的「哲學突破」，如果所用「內在」兩字被理解為 immanent 的意思，那便等於我正式承認「道」或「道體」是流行於宇宙之間的一種精神實體了（哲學上稱之為 ontological commitment ，「存有論的承諾」）。這是我不得不改「內在」為「內向」的理由。「內向」只是對中國「超越」的形態作一種客觀的描述，可以避免「存有論的承諾」。

陳：余先生，您說的內向超越用英文是哪個字？

余：我叫它 "inward transcendence"。西方我說它是 outward，向外的。

陳：梁漱溟原來講過中國文化意欲向內的特點。

余：梁漱溟強調的是人的欲望和意志的問題，這是從佛教得到了一些靈感。主要是怎麼樣安排欲望。他認為西方人是欲望向外追求，他是從欲望的觀點，而不是超越的觀點來看的。

陳：對，他沒有講超越，他是講意欲。

余：這是另外一面。我現在記得他是講印中西三方面。中國是處在中間是吧？

陳：對，是印度、中國和西方三種文化的不一樣。他說印度是向後的，西方是向前的，中國是調和持中的。

余：光從欲望的方面來看，我想他對外部世界的理解是有局限的，不過在當時可是轟動一時。他的說法在我看來很像差不多和他同時的，其實在他講演之前一兩年，德國的奧斯瓦爾德・斯賓格勒（Oswald Spengler）已從「意欲」角度分析了世界上幾個主要文化，包括西方、印度、中國在內。

陳：梁漱溟的書的確是轟動一時。他有沒有受斯賓格勒的影響？

余：他沒有。他不可能看到斯賓格勒的書。他屬於「好學深思」一型，也有直覺，但是單憑直覺，論證方面是不成功的。他沒有能讓人信服地把道理說透，最終還是我們中國式的那條老路，把結論提供給你，而缺少充分的論證。沒有讓你一步步地走上那個結論，所以後來胡適的批評也是相當嚴厲的。胡適提的問題，他也很難回答，認為胡適沒有懂他。事實上他也沒有真正展開，基本上是描述他的一種結果，這個結果當時合乎中國人的民族情緒，所以轟動一時。他是說明我們中國也不比外國差，我們是走了另外一條路。這好像斯賓格勒強調德國人的意志最強，將是西方的前途所在，因此也在德國轟動了起來，連維特根斯坦都為所動，只有韋伯批評他。

陳：說到這裡，我想請教您在思維訓練、思辨方面您是怎樣得益的？

余：我個人的經驗是從細讀現代中西人文研究方面的上乘著作，從中學習他們怎樣思考問題，怎樣運用證據，怎樣論辯。西方現代分析哲學的技巧比以前更緊密，可以學到一些方法。看這些論著，當注意他們怎樣一步一步走向結論的。這是學他們的針法，不是欣賞他們繡好的鴛鴦。又自己立說之際，先要盡量找自己的毛病，駁得自己不得不修正最初的設想，甚至放棄最早的構想，重新來過。千萬不可在立說後只找於己有利的論證。還要有個心理準備，知道自己的看法總會有人反駁，但要使反駁的人花更大的功夫，才能作駁論。

陳：反駁也需要一套嚴密的論證。

余：批評別人首先應該了解對方，不能動輒以輕鄙的態度出之，流於謾罵。這是我們最容易犯的毛病，一天到晚都可以看到這樣的人。

陳：這個辦法痛快倒是滿痛快的，但是沒有什麼實際效益。

余：痛快當然是痛快了，但是結果是很糟糕的。比如說討厭胡適的人很多。

一群討厭胡適的在一起，把胡適罵得一無是處，好像已解決了胡適的問題。其實胡適也有他經過嚴格訓練過的地方。現代中國挨罵最多的學人，胡適可以說是首屈一指。

胡適的學位與自由之精神

陳：說到胡適，您最後考證說他的博士學位是真的，不是假的。說他在哥倫比亞通過答辯了，說他是拿到博士學位的，只是遲了一些是吧？

余：這件事本是無中生有，唯一的關鍵是他的論文印本遲了十年才交上去。一九一七年他已完成了一切有關的考試。

陳：那您這篇文章出來以後，有沒有後續的討論？[1]

余：至少我沒有看到新的討論。我的新發現是胡適在最後口試前幾天給女友韋蓮司寫信，說杜威對他的論文稱讚備至。這是絕對性證據，他不可能口試通不過。而且據 Morton White 的自傳，一九三八到一九四二年他在哥大讀哲學博士，那時還是老傳統，哥大的考試和修課都很鬆，最宜於有天分的人自由發揮。這是胡適的背景。

1 關於胡適的博士學位問題，見余著《重尋胡適歷程：胡適生平與思想再認識》增訂版（台北：聯經，二〇一四），頁三一一三。

陳：就是您引的給韋蓮司的信？

余：給韋蓮司的信沒有人用過，我是第一次在那封信裡發現的。他自己日記裡記口試的事說「七年留學生活，於此作一結束」，那就是通過了。他沒有想到的是後來有人造謠。

陳：這件事最先是梅光迪開始的是吧？

余：最先是梅光迪。那是一九二〇年左右。那時候朱經農在美國寫信告訴胡適說你趕快把論文出版，否則一天到晚大家都跟著吵，老梅說你是騙人的。實際上當時不但是哥倫比亞，其他學校像約翰·霍布金斯大學（Johns Hopkins University）都是這個規矩，論文非印成書，交一百本，不能算完成。像你的論文現在才出版，如果你在那個時候的話，就現在才能拿博士學位，說你這七年來博士學位都沒通過，你說這合理嗎？這個規定到一九四〇年代才取消的。那時候中國的留學生在哥倫比亞念完了以後，都是要到處想辦法，有的是自己花錢把論文印出來。馮友蘭也是在他的論文在商務出版以後才拿到博士學位的。但胡適從早年起便有許多學敵和政敵，罵他已成風氣。一九五〇年回台北，還有人寫《胡適與國運》，大陸上更是罵得轟轟烈烈。好在他毫不在乎，心理似乎未受太大的干擾。

陳： 是因為他太出風頭了。「名滿天下，謗亦隨之。」反過來好像也一樣，謗滿天下，名亦隨之。

余： 他的「文學革命」一出來那是不得了的事，我們現在感受不到了。當時做過武漢大學和安徽大學校長的王撫五（星拱），曾經寫詩送給胡適說：「珍重文壇開國史，當年四海說陳胡。」所以他當然招忌了。我也曾經引過郁達夫當年寫的信，就怕胡適不理他。姓名是用英文寫的，很有意思。他說，你要不理我和我的尊嚴很有關係。

陳： 是有意思。郁達夫也是個氣質型的人，很情緒化，確實是詩人。

余： 後來他和胡適為翻譯問題有過爭論。爭過之後他倒對胡適沒有什麼芥蒂。政敵對胡適比較殘酷，大陸不是在猛批胡適嗎？他最後幾年去台北，便有人主張把胡適空投到大陸去。

陳： 這個用心比較狠毒。

余： 學術界老派學者也覺得胡適是眼中釘。張東蓀的哥哥張爾田，就是《玉溪生年譜會箋》的作者，他最恨胡適。他和陳援庵是好朋友，他說陳援庵，你那本書（《元典章校補》）為什麼讓胡適作序？說我買來了書，

未盡的才情
從《顧頡剛日記》
看顧頡剛的內心世界
余英時◎著

先就把序撕掉了。所以當時恨胡適的人恨得牙癢癢的。

陳：胡適心胸應該比較寬，他對後學特別好是吧？

余：是啊。他自覺地認定走「但開風氣不為師」的路。他開了路，別人繼續做，做得比他好，他高興極了。《顧頡剛日記》台灣馬上要出來了。日記裡面就說胡適認為他最大的光榮就是他提出來的方法論，顧頡剛運用到古史方面那麼有成績。他絕不怕顧頡剛成績超過自己，這是胡適最大的好處。他也幫助了很多人！我上次跟你講過吧，他在美國有兩個帳戶，一個是進帳，他自己講演得來的錢。一個是出帳，交給他秘書，記著中國的美國的學生有困難，他要救濟的。一筆兩百元三百元這樣的，他自己再也不提了。包括後來搞台獨的彭明敏。

陳：胡適也幫助過彭明敏？

余：一九五〇年代他在加拿大念書，胡適給他的學校寄去了一兩千元。他那時候在紐約並沒有很多錢。彭明敏是許多年以後才知道這件事情。這樣的事情多得很，這都不是假得來的。所以不管你怎麼罵胡適，他有他了不得的地方，至少在提攜後進方面，他是不遺餘力的。

陳：而且他在學術上也是相當獨立的，也講自由之精神的。

余：把自由主義的香火在中國保存下來，他的功績最大。他在一九三〇年代就跟丁文江、蔣廷黻他們主張新的專制不一樣。丁、蔣他們也不一定擁戴蔣介石，只是說中國只有專制才會有力量。胡適認為中國歷來專制是假的，力量是凝聚不起來的。他說要有每個人都要有聲音、每個人都能得到尊重這樣一種民主制度。他說民主是一個幼稚園的制度，並不需要高深的研究所。他說在美看投票，很多人沒有受到過很好的教育。我受過很高的教育，可是我對民主的認識便比不上美國教育不高的選民。他認為，如果說民主一定要有很好的教育，這是不通的。這是他堅持的地方。他堅持民主制度因為這是和平轉移政權的唯一方式。如果不民主，每一次政權的更換都要流血。所以整體上看，胡適在學術思想上有「開風氣」的大功；對中國學術研究，他個人的成績有限。但在提倡現代價值方面，如自由、民主、容忍等等，他的貢獻到今天還未完全失效。這是很可悲的。給你說一個掌故，一九八〇年代初在美國有一個討論辛亥革命的學術會議上，台灣來了幾十人，大陸也來了幾十人，其中領隊的是胡繩。你認識他嗎？

陳：我不認識，但是知道胡繩。他是社科院院長。

余：後來他們訪問我們耶魯，我們招待他們吃飯，說到胡適，胡繩就笑著說：「我們對胡適，政治上是反對他的，但學術上是尊敬他的。」我就跟他開玩笑說：「我的看法跟你正好相反。我認為胡適在學問上早就被人超過了，但政治上還沒有被人超過。」他也很有風度，沒有和我爭了。我雖然是開玩笑，但也有點兒讓他下不來台，但是觀點還是要說出來的。現在大陸的學者研究胡適的興趣還是很高，也偏重在現代價值與政治思想方面。我最近還剛剛給一本研究胡適政治思想的書寫了一篇序。

陳：這本書的作者是誰？

余：是南京的一位青年學人。可見胡適講自由主義對大陸仍有影響，在台灣更是這樣。《自由中國》雜誌就是跟胡適有關，後來台灣的自由主義和反對黨的出現都跟胡適有極大的關係。所以胡適不是一個單純的學者，他的影響是多方面的，實際歷史都受到他的影響。不是他提倡白話文，白話不會那麼流行，五四運動都搞不起來，雜誌都不會有那麼多，也不會搞出那麼大的讀者群來。所以他在思想史上是歷史的創造者，不是傳統的經師型人物。但是受「暴得大名」之累，找他的人太多，便沒有時間治學了。

陳：他人緣太好了也是很麻煩的事。

余：但他最愛好的還是做學問，一生以學人自居。初回國在北大教書，發現學生中舊學比他好的不少，如顧頡剛和傅斯年，他日夜用功。一九三〇年代國難臨頭，他的國際及政治活動太多。不過從《日記》看，他還是不停地閱讀。四十多歲寫《說儒》以後，就很難做學問了。一九四二年大使卸任後，他謝絕一切教書，想恢復做學問的能力，所以接受了美國學術聯合會的資助，專門研究中國哲學史，進行了種種考證。但一九四三年十一月便陷入《水經注》一案，從此未能脫身。晚年去台北仍搞此案，但在政治上與蔣介石和國民黨對立，麻煩太多。

陳：他敢跟蔣介石唱對台，這個不容易。

余：他在就職中研院院長時，當眾說：「總統錯了！」私下更是侃侃而談的。我最後引的他日記裡的一段，他說的話是很重的[1]。郭沫若看不起胡適之，他見了毛澤東敢說這樣的話嗎？所以要看風格，要看這些地方。所以儘管在學問上沒有什麼了不得，像我的老師都討厭他，但是二十世紀真能繼承「以道抗勢」的傳統的，他是最突出的一個例子。

1 見《重尋胡適歷程》增訂版，頁一五三—一五四。

院士叢書
重尋胡適歷程
增訂版
胡適生平思想與再認識
余英時 著
恭賀余英時教授榮獲
2014年第一屆唐獎漢學獎
中央研究院院士，
2006年克魯格獎(Kluge Prize)得主——余英時教授
考證胡適生平的重要專著
增訂版特別收入
〈胡適「博士學位」案的最後判決〉一文

陳：「五四」反傳統的這些人傳統的涵養非常好，跟後來不太一樣，後來反傳統不了解傳統的很多。

余：那當然。像陳獨秀在文字學和舊詩方面就很有造詣，他為人也光明磊落。

陳：對，很有造詣。他專門寫過文字學的《實庵字說》。

余：他早期修養好極了，詩也非常好！我記得他從國民黨監獄出來到四川去的時候寫的一首詩很動人，叫「貫休入蜀惟余缽，老去無依生事微」。他吃飯都發生困難，但絕不接受蔣介石的一個錢。陳獨秀的風格是了不得的。他後來完全從中國共產黨裡面跳出來了。因為早期中國古典的訓練，西方的思想的訓練，讓他接受的理念相當廣。他不會長期被馬列主義罩住。一九三〇年代在南京監獄，他便稱讚孔子的「有教無類」和孟子的「民為貴」等思想。可見他心中仍主張以中國儒家的思想和現代價值互相溝通。「五四」時打倒孔家店是針對現實而發。在這一點上他和胡適很相近。胡適晚年（一九六〇）一篇著名英文講詞 "Chinese Tradition and Future"（「中國傳統及其未來」），其中不但強調中國文化在與西方充分接觸融合後，它原有的根柢（bedrock）不致喪失，而且還斷言：「人文與理性的中國傳統」絕不會為外來的極權體制所摧毀。

陳：這不是和陳寅恪的預言差不多嗎？

余：確是相去不太遠。所以陳寅恪也強調「獨立之精神，自由之思想」，在政治與思想上，他也可以說是一位「自由主義者」。

民族主義與共產主義

陳：不過我在想無論是國民黨還是共產黨，當時出現又都有民族主義做背景的。

余：都有民族主義的激情，但兩者還有不同。國民黨是公開講民族主義的，孫中山也表示想上接道統。但是共產黨不一樣。他們在理論上是否定民族主義的；它講國際共產主義。不過在「革命」或「打天下」的階段，中共很善於運用民族主義激情。以賽亞．伯林（Isaiah Berlin）最早指出：社會主義的全盤設計，如果得不到民族情緒的強烈支援，不可能落實，即不可能奪取政權。可知這不限於中國一國。中共利用「抗日」發展根據地，一天天壯大，那時中共自毛澤東以下無不以民族主義者的面貌出現，「新民主主義」暫時代替了共產主義。而且許多愛國青年也是為民族主義才加入共產黨的。但共產黨成功之後，對民族主義的態度馬上重新調整了。對西方帝國主義，特別是美國，仍必須講民族主義，但對蘇聯則必須「一面倒」，民族或國家的界線是不能談的。一九五〇年代初，大陸官方崇拜蘇聯的心理是今天的人所無法想像的。最近出版的《吳宓日記續編》十大冊中有詳細的紀錄。你看到這部書沒有？

陳：沒有看到。

余：他在五〇年代前半段日記中一再表示，中國已自願地亡於蘇聯，將來必成蘇聯的一部分。而且官方一舉一動都效法蘇，他有一句詩說「仰首蘇聯事事精」。凡是蘇聯侵略中國，不利於中國的行為，官方必一一代為解釋，說是為了中國好。顧頡剛同一時期在上海所寫的日記也同樣表達相似的民族義憤，所以民族主義不是一個簡單的東西，統治集團對它更是做種種不同的操作，大體是以維護既得利益的政權為指導原則。國民黨從一九三〇年代中期到抗戰時代，特別提倡民族文化，主要是為了抵制西方民主自由等價值，以為「不合國情」。

陳：早期喜歡共產主義的知識分子很多，我看劉師培早年還翻譯過《共產黨宣言》。

余：共產主義的理想對知識人有很大的吸引力，中外皆然。康有為的《大同書》也是一種共產主義的設計。中國知識人往往把「私有財產」和自私連在一起，不懂得合法合理的私產是個人獨立和尊嚴的保證。梁漱溟早年聽說資本主義是保障私有財產的，立刻便起反感。劉師培的時代正是中國人「尊西人若帝天，視西籍若神聖」的始點，《共產黨宣言》當然引起不少人的重視。這裡反映的是現代中國知識人在西方思想面前沒有多少判斷能力的問題。這種情況甚至到今天也還存在。我看到有些「新左派」批判西方，完全依賴西方後現代論者的說法，中國的人文研究和思辨能力尚有待加強。

人文邊緣化與社會擔當

陳：可是現在不管是國內的社會環境還是國際的大環境，整個大趨勢是越來越商業化。

余：即便是商業化，人文學術上的研究也還有發展的空間。

陳：我是說在內地學理工科的比較有優勢，人文是邊緣化的。

余：那當然，在西方也是理工科占優勢，但人文也有自己的力量，也有它受重視的一面。它有自己的傳統，這個傳統在不斷更新變化，然而並未中斷。二〇〇〇年英國著名的文化記者華特生（Peter Watson）出版了一部大書，叫 *The Modern Mind*（《現代心靈》），全面介紹了二十世紀新思想的發展，從科學到人文，無所不包。最能看出在科技稱霸的世界，人文界還是能吸引有創造力的人才。

陳：我看您的著作，一個很深的印象就是，您對中國傳統知識分子士大夫那種有擔當的精神十分欣賞，那我想我們現代人文方面的知識分子既然很邊緣化，要有擔當是很困難的事情，客觀上主觀上都有很多限制。

余：都有困難。

陳：所以我就想請教先生在這方面有什麼想法？

余：傳統「士」的承當精神是中國文化傳統的一個重要特色，其演進過程是很複雜的。我過去對各時代的變化曾做過一些專題研究，這裡不可能細談了。現在只就你提出的現代情況稍作答覆。我欣賞這種承當精神，是因為即使在傳統時代，能承當的「士」都是少數中的少數。多數的「士」即使不完全走「曲學阿世」的路，大體上也是以「獨善其身」為主流。但中國的價值世界（即「軸心突破」後的超越世界）主要是靠這些極少數的人支撐著的，有的甚至成為「殉道者」。

一九〇五年科舉廢止以後，「士」與權力世界之間已不再有直通的途徑，從此傳統的「士」便為現代知識人所取代。但由於傳統的關係，承擔政治社會責任（「以天下為己任」）的精神也轉移到知識人的身上。所以在二十世紀中國的幾次革命運動中，知識人沒有一次不扮演著先鋒的角色。但在革命轉化為新的權力結構的過程中，他們便逐步地被推向邊緣，甚至為革命暴力所毀滅。這是大家都熟悉的悲劇，不必多說。

在一般常態的社會中，知識人已不可能像傳統的「士」那樣繼續占據中心的位置。社會多元化把知識人送向各行各業，除了極少數特例外，一般已很難具有「以天下為己任」的心態。這些極少數的特例，在美國大概相當於「公共知識人」，但為數不多，而且有人認為將越來越少。你提出今天知識人「要有擔當是很困難的事情」，大概是一個相當普遍的感覺。但是我認為，知識人的擔當意義——即「社會責任感」即使在最複雜的現代社會中也依然是必要的，甚至更為迫切。以我所見的美國情況而言，新聞媒體當然正面承擔著這一公共任務。但媒體不可能單獨完成這一任務，在許多重大問題上，媒體都請出有關專家發言，而且包括一切專業，從國際國內政治、商業到科技，應有都有。這裡反映出美國高等教育的效果——在大學時期人人都受過通識訓練，具有基本的判斷能力，因此各人觀點儘管不同，卻都能侃侃而談。我相信，現代中國知識人的擔當精神今後大概也只有採用大同小異的表現方式。這裡我們必須調整一下關於知識人的觀念。第一，現代知識人不是「士」，不可能完全出於「人文」一途。人文學科即使邊緣化，也不影響知識人的產生，因為科技專家也受過一定程度的「人文」教育，同樣可以隨時扮演知識人的角色。第二，知識人必須以專業為基礎，在專業上取得成就，受社會尊重，他便更有機會發揮知識人的作用。第三，知識人不是一個特殊的類，因此沒有所謂職業的知識人。我們必須把知識人理解為一種潛在的社會功能，寄託在每一個專業人員的身上。

以上說的是擔當精神的表現方式隨著社會轉型而不得不異。但是中國的「士」與現代知識人之間存在著一個未變的共同因素，即要求建立並維持一個合理的秩序，使社會上不公平的現象盡量減少。過去的「士」

向朝廷進諫，今天的知識人則向社會申訴，但在精神上仍是一脈相傳的。我們只要將一八九五年的「公車上書」和一九一九年的「五四」運動作一比較，便再清楚不過了。

由於中國還沒有轉化成一個常態的現代社會，「五四」以來關於民主、法治、言論自由的整體要求依然存在。一九四六年，國民黨特務在昆明暗殺了李公樸、聞一多，當時出現了一副十分諷刺性的對聯：「天下是老子打來，誰教你開口民主，閉口民主；江山由本黨坐定，且看我一槍殺人，兩槍殺人。」我的印象深刻，至今不忘。這副對聯屢次在我心中浮起。這個最大的問題如果不能得到妥善的解決，中國知識人在「五四」時期所表現的整體承當精神是不可能完全息止的。但是，由於最近十幾年來社會上已出現一點點空間，承當精神也隨之而呈現出化整為零的趨向。新聞記者、律師、醫生、科學家等都紛紛從各自的專業崗位上，就具體問題發為不平之鳴，並持續地為弱勢族群進行抗爭活動。中國知識人的承當精神似乎正在踏進一個新的歷史階段。

西方漢學與中國學

陳：余先生，我另外想問您的是現代西方的漢學，您覺得存在哪些問題？

余：這個問題太大，不容易簡單答覆，我姑且從自己幾十年所看到的漢學變遷談一談。一九五〇年代中期我初來時，「漢學」（Sinology）大致指近代以前（十八世紀以前）的傳統中國研究。但十九世紀中葉以後，屬於近代、現代範圍已另成一系統，大致分散在各學科之中——歷史、文學、宗教、哲學、社會學……一般稱之為「中國研究」（China studies, Chinese studies）。我下面只說前近代的部分，即十九世紀以來歐洲所用的「漢學」範圍。但五十多年來，以前的「漢學」也在不斷改變，慢慢融入各學科了，除了歐洲人還偶用「漢學」一詞外，在美國已不流行了。

陳：對，現在也用「中國研究」這個詞。但這和「漢學」（Sinology）這個詞在對象和方法上有什麼不同呢？

余：我記得一九六〇年代，《亞洲研究學報》（*Journal of Asian Studies*）上曾發表過關於「漢學」一詞的討論，老派的還主張保留這個名詞，新派則視之為「明日黃花」。現在看來，新派已取得勝利。這不止是名詞之爭，而代表了研究取向的重大改變。

大體上說，從前漢學是和西方學術主流比較隔閡，只與所謂「東方學」掛鉤。以法國而論，二十世紀上半葉伯希和（Paul Pelliot）代表正宗，是漢學泰斗。他的最大優勢雖在中亞多種語言及中國少數民族語言上面，但他確能深入中國古代文獻的本身，而且博極群書，所以中國、日本的學者都尊敬他。另一方面，法國的馬伯樂（H. Maspero）根據涂爾幹（Émile Durkheim）的社會學理論研究中國古代宗教、詩歌、禮儀等也極有成績，可以說是最早把中國歷史文化研究納入西方學術主流之中的漢學家，但他在當時漢學界的地位還是比不上伯希和。美國早期漢學家都奉伯希和為大宗師，哈佛燕京社成立時，哈佛大學最早是想請伯希和來領導的，他不肯就，推薦了別人。在二十世紀五、六〇年代，美國的研究所訓練中國前近代的博士生，大致都以譯注為主，即選一篇中國文史哲方面的經典文獻作主體，讓研究生譯成英文，詳加注釋，再寫一篇導論，說明這篇文獻的歷史意義。這一訓練主要是為了培養博士生去精確掌握經典文本的能力，訓詁名物的考證功夫是不可缺少的。這種西方式的「漢學」和清代所謂「漢學」竟在相當的程度上匯流了。大概自一九六〇年代起，學術風氣開始轉變了，研究清代以前的傳統中國文化和歷史也融入了西方各人文及社會科學的主流之中，舊的「漢學」便在新潮流中逐漸淹沒了。所以今天所看到的專題研究基本上反映了西方人文學術主流的變化，如女性問題、弱勢族群問題，以至「地方」（local）文化問題，占據著越來越重要的位置。在研究取徑上，理論先行是一個顯著的新動向。恰好近二三十年西方人文社會學界的新理論層出不窮，文學界更是熱鬧，所以美國關於中國傳統文化與歷史的研究也跟著多元化，真可以用「百花齊放」來形容。

陳：這一變化在研究方面的得失應該怎樣評估呢？

余：大致說來，是有得有失。舊「漢學」典範訓練出來的學人在中國文本上的把握比較可靠，但在論點的發揮方面略有限制，往往不大放得開，也不易動人。受現代理論啟發的新一代學人比較能提出有刺激性的問題，可能引人入勝，但如果文本的基礎不穩固，或理論與原始資料之間的距離太遠，則不免流於奇談怪論一途了。以研究成果說，舊派的譯注至少把重要文本介紹了出來，後人可以放心運用。新派中的上乘作品自然有開創作用，但下乘作品便可能發生嚴重的誤導了。關於二者之間長短，早在一九六〇年楊聯陞先生便已談過，蕭公權先生也加以認可。可參看蕭先生的《問學諫往錄》。但當時西方學術界還遠未到今天「理論熱」的地步。

陳：西方的很多理論也是「來時洶湧，去尚纏綿」，來的時候很快。

余：來得快，去得也快。我在美國五十多年也不知看見了多少理論的興亡，真有「眼看他起高樓，眼見他樓塌了」之感。我並不輕視理論，但也不肯隨便跟著新理論起舞，一切要看某一理論是不是恰好對我從大量文本中所觀察到的特殊事象具有照明的作用。總之，無論研究中國的歷史、文學或思想，第一步須從全面掌握文本開始。鑽研文本有心得之後，才談得到運用哪些已有的理論去做進一步的詮釋工作，有時甚至必須自己建構合適的理論不可。我記得分析哲學家懷特（Morton White）推重美國思想史名家密勒（Perry Miller），說他能從大量的詩歌、小說、神學作品中，辨識出「微妙的感覺線索」（subtle threads of feeling），然後貫串成為系統的敘述。懷特又讚賞古代哲學史大師沃佛生（Harry A. Wolfson），說他不但精通希臘、拉丁、阿拉伯等古代語言，而且在文本掌握方面也極盡精到的能事（impeccable command of the text），可見西方至今也是如此。這是我們讀今天新潮流下的「漢學」（始用舊稱）著作，所首當注意的問題。

陳：您現在除了要做唐代的文學和禪宗的研究以外，還對什麼問題特別有興趣？下一步想做什麼？

余：目前我正準備做的工作是把我的英文東西整理出來。這至少要花一年的時間。哥倫比亞大學出版社要幫我出書的，清稿已送來好幾年了，因為恰值事忙，至今尚未校改。

陳：您說的是論文集嗎？

余：是英文論文集。幾十年來積得很多，分散在各種專書和學報上，非整理成書，讀者不容易找到。這個工作夠我做的了。我自覺年紀大了，勇猛精進談不上了。唐代詩人與高僧的研究目前仍在泛覽階段，正式動手寫，還要等一兩年。其餘也只能隨著興趣與機緣而定，晚年讀書與寫作都是「娛老」，不能逼自己太緊。

陳：您一直著述不輟，這一點實在讓人佩服。總是不斷有新的著作出來，也不斷有新的視野打開。

余：我自己覺得我是很幸運的，因為我的興趣跟我的職業是合而為一的。現在做的工作正是我喜歡做的事情，並不覺得苦，久而久之成為一種生活方式了。其實也不是總在工作，我一樣有玩兒的時候，休閒的時候。古人說：「文武之道，一張一弛。」得有放鬆的時候，不能老是張在那裡，否則沒有效率。

陳：余先生，我耽誤您太多時間了。但是確實學到了很多東西。

余：哪裡！聊得很好。

宗教、哲學、國學與東西方知識系統

儒家思想的宗教性與東西方學術分類

陳：余先生，多謝您再次接受我的訪談。《明報月刊》潘耀明先生說要創辦一個新的集學術、文化、知識於一爐的刊物《國學新視野》，很想請先生就國學等問題談談您的看法。

余：國學、漢學問題，我們以前是不是已談了一點兒？

陳：是談了一些，但是不多。當時說到儒學比較多。我在想儒家學說到底是不是宗教的問題。如果它有宗教的色彩，它作為宗教好像比其他宗教包容性強，而排他性比較弱。

余：當然，儒家如王陽明等能發展出三教合一的思想，即可見它的包容性之大。基督教是一神教，一神教是排他的；伊斯蘭教也是一神教，真主阿拉是唯一的，它發展得很遲。

陳：儒家思想，人們一直都在討論它是否宗教的問題，我看到前幾年還有熱烈的討論。中國社科院有位教授李申，寫了一本書《中國儒教史》，引發了很多爭議。他好像是任繼愈先生的學生，任繼愈可能也是受馮友蘭的影響，因為馮說儒家是理性主義的宗教。也有人反駁李申，前段時期爭論得很激烈。新儒家的學者在談這個問題的時候，是說儒家思想不具備宗教的形態，但是有宗教的功用。余先生，您對這個問題怎麼看？

余：當然有宗教的功用。宗教是講超越的，儒學也有超越的層面。現在關鍵是一個學科分類的問題：我們現在所講的「宗教」是英文 Religion 的漢譯，大概始於日本。但「宗教」是純西方概念，與「哲學」、「社會學」、「神學」等都代表了西方學科的分類。我們中國學問無所謂宗教不宗教，儒學什麼都包括。它既包括宗教，也包括哲學甚至科學，但它同時又非科學，非哲學。所以如果按照西方的分類，完全意義上的宗教對儒學來說並不適用，也可以說在中國沒有。它像宗教又不是宗教；它也有哲學的內容，但又不純粹是哲學。現在說它是不是宗教，是拿西方的概念在套用，但西方宗教的概念並不完全適用於中國。例如神學（Theology）在西方宗教中極為重要，但中國的儒教、道教便沒有發展出系統的「神學」。西方早在希臘時代便出現了「神學」的名詞，柏拉圖、亞里斯多德著作中常有討論。中國則並無相當的專名。今天的「神學」一詞是 Theology 的漢譯，若以「神學」為座標，則中國的儒、道二教都不算「宗教」了。

陳：就是說一個成熟的宗教實際上是有很多不同的層面，比如說有信仰的層面、儀式的層面，也有思想的層面。

余：當然是多層面的，但信仰是第一位的。宗教如果沒有一個基本信仰，就不成其為宗教了。但西方宗教又要求信仰和理性（Reason）互相支援，這樣一來，哲學思辨便必須為神學服務了。這種高深的神學自然是教中的精英（elite）所特別關注的，即佛教所謂「善知識」。一般芸芸眾生所需要的不過是簡單的信仰，甚至簡單得如美國哲學家桑塔亞那（George Santayana, 1863-1952）講的 Animal Faith（動物性信仰）。然而任何一種高度發展並且在思想上成熟的大宗教都不能沒有一套複雜的思辨神學與形而上學。西方基督教在這一方面尤其突出，譬如上帝必然存在的問題，基督教信仰得到希臘與後世哲學思辨之助，不斷推陳出新，發展出種種精巧的論證，如「存在論的論辯」（Ontological Argument）。

陳：國內的翻譯一般叫「本體論的論證」。

余：這個論證早在亞里斯多德的《形而上學》中已見端倪，但中古神學家安瑟姆（Anselm, 1033-1109）運用它來論證上帝的存在，於是成為最著名的一個神學原理，風行於西方達千年之久。中間康德（Kant, 1724-1804）

作過著名的駁斥，也未能摧破它的重要性。現代哲學家中又有人（如Charles Hartshorne與Norman Malcolm）從新的角度對這一論證作出了重要貢獻。我特舉此一例以答覆你關於「思想層面」的疑問。

儒家雖有宗教的層面，但以西方的標準而言在思想上沒有發展到神學的高度，因此不但沒有「神學」，也沒有像樣的形上學思辨。漢代雖有過經學上的聚會討論，如石渠奏議、白虎觀討論（今尚存《白虎通德論》），但宗教成分遠不能與西方基督教的「會議」（Councils）相比。作為一種宗教，儒家在西方神學家或哲學家的心中似乎沒有任何重要性，反而不及佛教，因為後者雖也是「眾神論」的，卻有高度發展的形上思辨，叔本華（Schopenhauer）、懷德海（Whitehead）、Hartshorne等都感到他們的哲學或神學與佛教（尤其大乘）頗多相契的地方。

經過以上的分析，可知儒教與其他大宗教相比，只能是一種很寬泛意義上的宗教，如果把儒教看作政治、社會或倫理的思想體系，反而更符合事實。問題便出在「宗教」是一個西方概念，取任何一個西方概念來概括儒家都只是掛一漏萬。這裡我們遇到了一個極嚴重的問題，近一百多年來，我們運用西方概念來討論分析中國傳統文化和人文學術，常常造成理解上的混亂。不但「宗教」、「哲學」不全適用，即使最普通的「文學」一詞，中西之間也相去甚遠。

陳：您說的是「孔門四科」中的「文學」門？

余：漢朝的「文學賢良」也不是現代的意思，所以我看討論中國思想是否宗教，是否哲學，恰恰容易引起概念的混亂，是沒有什麼意義的。

陳：那我們中國學問裡面是不是也有對待根本問題的，或者說形上問題，特別是玄學和心性之學？要按這樣說的話，是否我們討論中國思想史的問題時，要用中國古代的概念和範疇來界定、來表述？可是我們傳統的概念和範疇在古人的界定和運用上也都有一定的不確定性和模糊性，這應該怎麼對待呢？一些古代思想傳統裡常見的概念，比如說「本」和「末」、「體」和「用」、「道」和「器」，我總覺得這些概念有一定的流動性，意涵不是固定的。

余：是這樣的。「形而上者謂之道，形而下者謂之器」，像這兩個概念的問題，僅從《易經》來看是不能解決的，還要看後來人如何理解，如何使用這些概念，還要看它的演變。王船山也講「道」和「器」，他也受了宋明理學和佛教的影響。佛教也講「體用」，最早講「體用」的是新道家。

陳：對，是漢魏之際的玄學家那裡開始的。

余：王弼注《易經》、《老子》時用的「體用」概念和後來的「體用」概念的關係很難說清楚了。王弼「以無為用，不能捨無以為體」之說似乎與程頤「體用一源」之說可以互相印證，但是絕對與張之洞「中學為體，西學為用」之說不同，所以才引出嚴復的批評。

國學、「國學者」與《國學季刊》

余：「國學」這個詞是從日本傳過來的，在日本它最初是為了對抗中國學問。中國人一向以為我們的學問是「天下」的，不屬於中國一國，所以並無「國學」之名稱。我們用「國朝」是時間概念。

陳：是這樣。國朝就是本朝，相對於前朝而言的。

余：二十世紀以後，我們借用了「國學」的概念，其實是用西方的分類來代替或者說表述中國傳統學問，這中間就會出現問題。我們放棄了中國過去經史子集的分類，而將傳統學問分配在西方各種學科（如哲學、宗教、文學……）之中。其結果往往是不恰當的，或有遺憾，或名實不符。這是我們到現在還沒有解決的問題。二十世紀初「國學」、「國粹」、「國故」等概念開始流行。這是一個新歷史階段的開始，像北大，現在還有國學院，另外也有一個雜誌。

陳：雜誌是叫《國學研究》，由袁行霈先生擔任主編。

余：中國人民大學有個國學院，而且還授學位，這些機構，招收學生講《論語》，講《易經》，國學觀念就普及化了，但已不是傳統概念上的中國學問了。簡要地說，「國學」象徵中國本有的學術系統向西方現代學科分類的轉化。因此，一切傳統的中國事物都成為「國學」研究的對象，「國學」的範圍遠遠超出了傳統經、史、子、集的「四部之學」。傳統的分類，最典型的是《四庫全書總目提要》，它是按經、史、子、集來分的，晚清時期影響比較大的是提倡「中學為體」的張之洞，他的《書目答問》也是按《四庫提要》來分的，而且還指示了最好的版本。我們必須注意：清末成學的學人都是從《四庫提要》的背景中訓練出來的人，他們治學即從《四庫提要》與《書目答問》開始，如陳垣、余嘉錫兩人最有代表性。同時而略早的學者也是如此，如章炳麟、梁啓超、劉師培、王國維等。這幾位都東渡日本，接受了日本所引來的西方學術分類，同時也借用日本的「國學」、「國粹」兩個名詞。

陳：您上次說過，當時是針對中國學問的影響而說的。

余：是的，「國學」原是說日本國的學術，是用來反對日本的儒學的。所以有一批人講日本的神道、日本的文學，這就是他們的國學。日語讀法叫koku-gaku-sha（こくがくしゃ），就是「國學者」的意思，在十八、十九世紀是非常活躍的反中國的思潮。那是因為日本人的本土意識起來了。關於這個問題，我已故的朋友M arius B. Jansen 的 *China in the Tokugawa World*（Harvard, 1992）有極扼要的分析。清末中國學者遊日本者很多，不知不覺地就借用過來了，同時「國粹」也是從日本來的。日本人在十九世紀晚期用「國學」或「國粹」已不再針對著中國儒家，而是與西方的學術相抗衡。但中國人借用這兩個名詞都是為了與「西學」互相溝通。這是中日大不同之點。另外，中國人也自創一新名詞，即是「國故」，可以章炳麟《國故論衡》為代表。胡適在一九二二年北大《國學季刊》發刊詞上就講國學是「國故之學」。「國故」一詞在價值上是中立的，就是說中國過去的老東西不一定是「粹」或「渣」。

陳：我看他的發刊詞用章太炎的話說是要「闡揚國故，復興國學」，然後又說是要用西洋和日本之學的方法來研究國學。

余：「整理國故」並不是排外的或煽動民族激情的運動，而是提倡冷靜分析中國傳統的典籍，然後將所得的成果系統地納入現代西方分科之中，如民族史、經濟史、政治史、學術史、宗教史、文藝史等之內，胡適《宣言》已明白指出。而且這在清末《國粹學報》時期已是如此。像鄧實和劉師培這些人，試圖把中國的考證之學來印證西方社會科學的成果。這一打通中西學術系統的努力雖十分必要，而且也取得了一定的成績，但畢竟困難重重，至今都未能達到水乳交融之境。老輩學者早已看到此中困難所在，談到儒家「經學」問題，蒙文通（一八九四—一九六八）便說：清末學校改制以後，過去「經學」一科便分裂入於數科，如《易》入哲學，《詩》入文學，《尚書》、《春秋》入史學之類。此結果是原有的宏偉「經學」竟化為烏有，這是以西方學術的分類取代中國原有學問系統所造成的大弊病。其實不僅儒家經學有此困難，道家也是一樣。老、莊既是哲學，也是宗教，老子、莊子後來又都是神了。五千言和原來的老子都不一樣了。《想爾注》就和其他的《老子》不同，宗教色彩就濃多了。《河上公注》絕對不是西漢的，應該有後來的內容，可能是東漢後期的，其中已頗多宗教意味。

陳：《河上公注》是講神明等概念講得比較多。

余：道教中神的製造，又學了不少佛教的東西，比如說陶弘景的《真誥》就是學《四十二章經》的，這是朱子的看法。道教在佛教傳入中國以後，也吸收了好多佛教的東西。

哲學與思想：東西方知識系統

陳：那麼，不同的知識系統在發生接觸以後，長遠來看是不是也有可能會融合呢？比如說西方的人文學術分類，近百年來我們已經習慣了用許多西方的詞語來表述問題。

余：前面已提到了中西兩個學術系統之間的溝通是必要。我同意你的話，我們早已習慣了許多西方的名詞、概念、範疇等，這一趨勢已不可逆轉了。但我要特別指出：自然學科與人文學科大不相同。在自然學科方面，我們自始便是走上了百分之百的西化道路，中國原有的一些與自然現象有關的認識早已成為歷史，今天也無人繼續在這一基礎上發展了。（也許醫學方面還有傳承部分）。在人文研究的領域中，我們只做到了部分西化，並未完全拋棄自己的研究傳統，因此中、西兩大系統之間的融合始終不算很成功，雖然也慢慢在進步。早期學者在中國傳統學問上的功力深厚，最初雖十分熱心於吸收西方的學術分科系統，但時間一久又回到自己的系統中去了，即經、史、子、集的畫分。

舉例言之，如王國維早年接受西方學術，尤其重視哲學，他早年（一九〇六）批評張之洞改學制，沒有把哲學列入。他認為哲學是最高的學問，這是明顯地接受西方的觀念。他的少作《靜安文集》都是講哲學、倫理學、教育學等西方式的問題。但是中年以後研究中國傳統學問而終獲大成。他後期絕口不談「哲學」、「倫理學」、「文學」之類西方概念，而回到中國經、史、子、集的傳統中去了。例如《觀堂集林》第一叫「藝林」，就是講六經的；第二叫「史林」，就是子史之學了。所以像王國維這樣早年推崇西方的，寫過《紅樓夢評論》、《宋元戲曲史》的，這都是跟西方學來的，最後回頭還是回到經史之學，這就顯示出中西兩種人文知識系統要想融合起來，非常困難。

錢鍾書也是這樣，在他的《管錐編》裡，開始就是《易經》，就是幾部經書，接著就是史書，然後講《老子》、《列子》之類的就是子書了，最後講《楚辭》至《全上古三代秦漢三國六朝文》，就是集部了。一部《管錐編》至少在形式上是遵循了中國傳統的分類法，一點不差。所以運用西方的範疇可以說是無法避免，但是運用到圓熟境界的人很少。過去幾十年想在中國學問裡做出成績的，都是國學極好的學者。西方的東西只是在形式上圖個方便，分析上提供某些概念，看問題打開眼界，這些方面是有作用的，但是真正做學問的功夫功力是要看國學的基礎怎麼樣，還是經史子集那套東西。所以三〇、四〇年代那些學術成果，在西方一直是受重視的，包括陳寅恪、湯用彤、錢穆、傅斯年、顧頡剛等人的著作。而改學西方那套以後，反而不受重視，也很少名著了。錢鍾書在筆記裡寫，外國有兩種文化：科學文化和文學文化（即英國人的 two cultures），而中國則有三學：一個是自然科學，我們的自然科學是完全學西方的，物理、化學、生物等都是外來的，不會構成衝突；然後是人文社會科學，又分兩種：一是 Bourgeoisie 的，資產階級的，另一個是無產階級的。這等於說中國已沒有了自家的學問傳統，都是販賣西方東西。不過錢先生的筆記是用英文寫的，大概是怕檢查。是手寫的，沒有排印過，所以可以看出來中西兩個人文學科系統之間始終有鑿枘，不易相容。如果完全學西方的東西，僅把中國的那套知識當材料，那麼一定失敗，因為中國的那套東西是一整套的學問，其中有考證、校勘、辨偽等一整套方法，如果僅只把中國的當材料，那麼你可能看不懂，可能無法處理，就要出問題。這個王國維早就看出來了，王國維早就說過中學和西學要興旺一起興旺，要衰落一起衰落。他是說兩者是共存的，不是哪一個可以把另一個吞沒。現在西方學科系統已取代了傳統的一套，從小學、中學到大學、研究所都是一樣，提倡國學已不可能存排斥西方文化的心理，否則那是要鬧大笑話的。國學系統只有在尖端研究的層面上存在。

陳：那麼在西方的學校裡有沒有中國哲學的課程呢？

余：就我所見到情形說，美國只有極少大學的哲學系開設中國哲學史的課程。較早的有陳榮捷（Wing-tsit Chan）先生，在教學與研究兩方面貢獻很大。一九六〇年代我在密西根大學（University of Michigan, Ann Arbor）任教時，哲學系增添了中國哲學的講者，由孟旦先生（Donald

Munroe）承擔。夏威夷大學則有成中英在哲學系教中國哲學。一九七七年我到耶魯大學時，哲學系有秦家懿女士（Julia Ching）教宋明理學和先秦哲學。她本來是在天主教修道的，後來以中國哲學為專業寫了不少書，很有成績。可惜去世過早，但她離開之後，耶魯大學也沒有再聘人教中國哲學了。由於西方這幾十年來一直是以分析哲學為主導，而分析哲學不太講哲學史，所以美國有些學校講中國哲學史是在宗教系或東亞系。所以準確地說「中國哲學」在西方學術分科中還沒有完全成立。

陳：普林斯頓沒有人講中國哲學嗎？

余：據我所知，哲學系沒有。

陳：那麼思想史方面呢？

余：中國思想史在各大學比較流行。一般都在歷史系或者東亞系開課。那就不是哲學史了。一九四四—一九四五學年，胡適大使卸任後便在哈佛大學遠東系教了一年的「中國思想史」。此外顧立雅（H.G. Creel）也在芝加哥大學開過思想史的課。一九六〇年代以後，中國研究在美國很發達，思想史也普遍展開了，如哈佛大學的史華慈（Benjamin I. Schwartz）便開過中國思想史的課。總之，西方學人一般都承認中國思想史的價值，但對「中國哲學」則有些人不免存疑。

陳：有一年我去德國華裔學志（Monumenta Serica Institute）總部，住在波恩旁邊的 Sankt Augustin 修道院裡，吃飯的時候與那裡的修士和大學教授一起吃。在那裡碰到一個年輕的哲學家，是波恩大學的哲學教授。我們互相聊起來各自做什麼，他說他是做哲學的。我問他是否關心過中國哲學的問題，他的回答很有意思，也可以說是沒有回答，迴避了我的問題。他說：“You know, Germany is a country of Philosophy.”（你知道，德國是一個哲學的國度）。這似乎反映了一些他對中國哲學的看法。

余：是的。不過這不一定是傲慢和偏見。換句話說，哲學這個概念源於古希臘，可以說是西方文化的特產。德國也確是「哲學的王國」。那位德國教授的話可以上溯到黑格爾。黑格爾在《哲學史講演錄》第一卷中曾有一專節寫到古代中國哲學，主要是孔子和老子，加上一點《易經》。這些中國典籍是由十七、十八世紀耶穌會教士們譯成法文，傳至歐洲的，日耳曼哲學家如萊布尼茨與康德都對之產生興趣。但是黑格爾讀後頗嫌其粗淺，他對《論語》評價很低，尚在西塞羅（Cicero）著作之下，認為《論語》不過是道聽塗說而已，最多可稱之為「道德哲學」。黑格爾對《老子》一書也不大看得起，一言以蔽之，他認為中國哲學只停止在「初級階段」（elementary stage）。黑格爾的看法在西方影響很大，他顯然是用西方標準來衡量中國哲學。如果我們接受這一標準，則他的話也不能說是毫無根據。事實上，二十世紀初，陳寅恪、俞大維諸人讀過黑氏的書，也承認「中國哲學遠不如希臘，不僅科學遜色而已」。以「形而上學」這一「精神之學問而言」，中國不能望西方項背，不過陳寅恪並未因此而輕視中國的文化成績。他強調的是中國文化與西方不同，因此一向重視實踐倫理，在人倫關係的構想和實現方面比西方更為深入。但以理論思維、形上思辨而言，先秦諸子包括老子和莊子，則比西方哲學家為「淺陋」。陳的見解記錄在《吳宓日記》第二冊（一九九一年十二月十四日條），上引陳氏的論斷，據我所知，即是對黑格爾的說法的回應。他不以黑格爾的論述為忤，而且進一步說明為什麼中國沒有發展思辨哲學至西方的高度。後來金岳霖用英文概括 Chinese Philosophy（中國哲學）的特點，也和陳寅恪、俞大維的看法很接近，他所舉的特點，有兩個恰可與陳說相印證：第一，中國人的邏輯和知識論的意識不夠發達。這也是說中國形而上學思辨未充分發展出來。第二，中國哲學家（諸子）的關懷都和蘇格拉底相似。金先生的說法也可以支持黑格爾的觀察。總之，哲學畢竟是西方文化的獨特產品，中國思想中也可以找到與「哲學」相似的成分，但到底「哲學」在中國並未形成一獨立的專門學問。在中國系統中，只有「子學」大致相當於西方的「哲學」，而內容仍然差異很大。

陳：是相當於子學。西方人翻譯「諸子」也是philosophers，子學就是philosophy。我剛開始看到「先秦諸子」的英文翻譯（early Chinese philosophers）的時候，覺得有點怪怪的，因為子學並不完全包涵哲學的內容，同時又超出了哲學的範圍，總之二者無法對應。

余：可是中國經、史、子、集中處處都可以找到哲學問題。由此可見馮友蘭的哲學史分為子學、經學兩個時代實在無道理。他是以西方哲學史為座標，把自漢到清末都看作西方中古「神學」主導的時代，也就是說中國兩千年中思想無大變化，可謂荒謬。其實宋明理學諸家，我們也稱之為「子」，如二程子、朱子、陸子。理學並不能簡單地分入「經學」的範疇。

哲學與抽象的問題

陳：說到哲學這個問題，我記得西方有些做思想史的學者像葛瑞漢（A.C. Graham）就認為中國人早期不用"being"一類的系動詞。而中文裡面與西方的"being"相對應的是「有」（there is）、「是」（is this）、「然」（so）等多方面的內容。所以在存有論方面與歐洲人相比沒有那麼關心，對終極問題也沒有那麼關懷，也有人說中國早期思想裡缺少抽象，您對這些說法怎麼看？我看牟宗三先生他們說起這個問題實際上觀點類似，只是換一角度表述而已。他說西方是表現了一種分解的盡理之精神，而中國是綜合的盡理之精神，又說前者是知性的智，後者是直覺的智。

余：A.C. Graham是搞Analytical Philosophy（分析哲學）出身的學者，而分析哲學帶來的最重要的發展便是轉向「語言」的研究（所謂linguistic turn）。他從語言角度解析中國思想，特別是先秦名學，取得了不錯的成績，在西方漢學界的影響很大。

陳：您說的是 *Disputers of the Tao* 和 *Later Mohist logic, ethics, and science*？

余：他研究的範圍很廣，包括二程的理學（*Two Chinese Philosophers Cheng Ming-tao and Cheng Yi-chuan*, 1958）。另外一個從語言角度講中國傳統缺少抽象觀念的，是在香港大學教書的Chad Hansen。他在哲學上是蒯因（W.V. Quine, 1908-2000）的信徒。早年出版了一部《古代中國的語言邏輯》（*Language and Logic in Ancient China*, 1983），很受注意。他這本書主要是強調中國沒有抽象觀念。比如說「白」，西方有white和whiteness兩層概念，但是中國沒有。當然他的這種說法都有討論餘地。孟子講：「生之謂性也，猶白之謂白與？」其中一個白應該就是whiteness這一層的概念，不一定非有「白性」這樣一個詞。他們都是分析哲學家，喜歡從語言分析入手看問題，有他們的眼光，也有他們的盲點。但是我們雖然不能不承認語言直接影響思維的方式，卻無法接受「語言決定論」（Linguistic Determinism）。說中國思想中缺乏抽象的觀念更是站不住的大膽論斷。關於這一問題，我要特別指出：史華慈（Benjamin I. Schwartz）早已作了很有說服力的駁斥。他說「仁」、「義」之類的名詞顯然是抽象的。我們最多也只能說：中國古代思想似乎不把抽象觀念當做永恆存在的東西來加以研究而已。不過先秦名家著作中已開始向這一方面探索了（見 *The World of Thought in Ancient China*, Harvard, 1985）。牟宗三先生不是從分析哲學出發，而是以康德為起點。這是因為康德的實踐理性為道德安排的位置與儒家有近似之處。但牟先生進一步認定儒家比康德更高明，肯定人有「智的直覺」（intellectual intuition），如康德所理解的上帝一樣，因此發展出 moral metaphysics，不像康德只能講 metaphysics of morals，儒家強調道體（或「良知」）為「呈現」（presence），是一瀰漫宇宙的精神實體。儒家又認為擴充一己之「心」、「性」，即可直接與道體接觸。此說十分曲折，此處只有從略。

陳：這些我想是不是也受王陽明的說法的影響。王陽明講心是虛的，良知是心的虛靈明覺處，是精神性的道，因為體虛，所以無處不在。

余：你的推斷是正確的。牟先生寫過《王陽明致良知教》，即以王陽明為儒家之道德形上學的最高發展。「良知」即是上述的「精神實體」的一種指稱，所以他說：「良知是造化的精靈……生天生地，成鬼成帝，皆從此出。」這樣的「良知」即相當於創造宇宙萬物的 God（上帝）了。另一方面，他亦繼承了孟子的性善之說（不像基督教強調人有「原罪」），因而又斷定人一生下來便分得瀰漫在天地之間的「良知」。但人人的「良知」之中又各有「小異」之處。他對學生談個人如何培養良知，即說「良知同，更不妨有異處」，並加一句，若物（良知）「都要高下大小一樣，便非造化妙手矣」。牟先生和他的老師熊十力先生以及其他當代新儒家都曾努力在哲學上證立此精神實體的存在。這和基督教要人體證 God 的無所不在、無所不能、無所不知，大致是殊途同歸。所以基督教稱之為「上帝的呈現」（presence of God，按：William James, *The Varieties of Religions Experience*，論此甚詳）。牟宗三及熊十力都強調「良知」是「呈現」，而不是如康德所說，「上帝的存在」只是實踐理性的一個「設準」（postulate）而已。可見牟氏對中國哲學的理解必須從康德哲學的角度去把握，與分析哲學家的出發點截然不同。

陳：這樣說來，中國哲學史的研究好像離不開研究者本人所採取的哲學立場，而這些立場又都是由西方哲學中不同流派提供的？

余：正是如此。這主要是因為哲學本是西方的東西，而西方並沒有對「哲學」取得一致的定義。中國哲學史的研究者往往不免根據個人所接受的關於「哲學」的理解作為取捨和解釋的標準。因此同稱「中國哲學史」，內容可以相去萬里。舉例言之，胡適《中國哲學史大綱》是以實驗主義為解說架構，馮友蘭《中國哲學史》則歸宗於新實在論。至於最近幾十年來無數以馬克思主義為指導的中國哲學史，那更是大家耳熟能詳的了。不過我認為這是初期「格義」的現象，時間久了，也許終於會摸出比較確實可靠的路數來。

文化熱與政治運動

陳：我感覺如果說「格義」的話，一九八〇年代的文化熱似乎比較嚴重。而這個歷史好像有些相似，好像在重演一樣，一九八〇年代的文化熱與二十世紀初的文化熱、主義熱相比，有很多驚人的相似之處，似乎也是從西方文化熱到國學熱的一個變化。這中間您認為有什麼邏輯關係沒有？

余：在西方很少見到這樣的「熱」。我所見到美國的「熱」有「反越戰」、「嬉皮」（Hippie）或歌舞熱潮之類，但未見有談古代經典的「熱」，如「柏拉圖熱」、「亞里斯多德熱」之類。一切真正的「學」都只能在「冷」的環境中成長，絕無「熱」的可能。二十世紀八〇年代的「文化熱」和九〇年代以來的「國學熱」，當然有某種內在的聯繫，但是這裡無法展開討論。我的推測是，二者有共同的背景，也有互異的動力。中、西文化在「封」、「資」、「修」的標籤下，毀棄得十分徹底，至所謂「文化大革命」而登峰造極。八〇年代控制略略鬆動，人們要在精神上尋出路和意義，便只有回到過去一再踐踏的西方文化和中國文化了。

陳：是的。八〇年代的文化熱，從本質上說是西方文化熱，實際上是經過多年隔絕之後，引發出來的對西方文化的極大興趣。九〇年代後期到現在是「國學熱」。

余：這便引到我所說的「互異的動力」問題，「文化熱」與「國學熱」除了共同背景之外，又各是不同的動力驅使。「文化熱」起於剛剛和美國建交，青年知識人特別為西方民主、自由、人權等價值所吸引。一九七九年十月北京出現「民主牆」便是最早的信號。電視節目《河殤》席捲全國，也恰恰說明當時的思想狀態，絕大多數知識人，尤其是青年，以西方代表解放，以中國文化，特別是儒家，代表極權體制，壓抑人的權利，所以希望「黃河文明」死去，迎接海洋的藍色文明。《河殤》在文化認識上是很偏激的，但它所嚮往的新世界是應該予以同情的，而不當過於譴責。總之，「文化熱」是民間自發的一種運動，當時甚至在「黨」內也有不少人同情。

陳：《河殤》說西方文明是藍色的，是海洋文化；中國文明是黃色的，是黃土、黃河文化。海洋文化是開拓的、進取的，黃土文化是保守的。雖然現在表面看起來是有些機械類比，且相當情緒化，但在當時是有些針對性的，是對主流和正統思想的一種挑戰。「國學熱」的動力是什麼呢？

余：「國學熱」的形成相當複雜。首先，它出現在一九九〇年代，當時大家不再談西方思潮，只是往中國古典文獻方面找藏身之所，比較安全。因此有《續修四庫全書》及其他修史或大規模古書整理。當時有「學問突出，思想淡出」的說法。我認為「國學熱」並不是純起於民間，而是官方主導的。而且這在東歐社會主義陣營崩潰後，是一共同現象，即先有崇拜西方思想的運動，很快又轉成民族狂熱，南斯拉夫尤為典型。

陳：我記得剛到美國的時候，上一門中美外交關係的課，上課的教授是退休的美國外交官，他就講到中國現代史上有一種 campaign style（運動的方式）。我想我們是群體意識比較強，所以政治運動容易展開。學術上、文化上也常有群趨的趨勢，大家喜歡一窩蜂地做什麼研究，對什麼產生興趣。

余： campaign style（運動的方式）主要是說政治方面，是「三反」、「五反」、「思想改造」、「四清」這些運動。學者當然也會互相影響，這是不可避免的。乾嘉時期編《四庫全書》的紀昀、朱筠等，他們都是學者型的。編《四庫全書》也是學者向朝廷建議，接受了，才開始做這項工作，朝廷出面主持。如果說陽明之學或者是乾嘉時期的漢學的話，可以說是一種 movement，而不是 campaign。campaign 是說政治運動，主要是共產黨建國以來的那些政治運動，比如土改運動、「三反」、「五反」運動，這些運動一方面帶有強制性，另一方面也要依靠一種世俗的宗教的作用。運動雖然是自上而下發動，但是又是自下而上開始展開的，就是「發動群眾」。

陳： 國民黨統治時期是不是也有運動？

余： 國民黨時期我能想到的就是一場「新生活運動」，但是這個運動不是那麼帶有強制性的，而且波及的範圍沒有那麼深那麼廣。照胡適當時的評論，所謂「新生活」也不過是注意一點現代衛生和禮貌。

陳： 運動之所以能發動，除了強制性的政治上的原因以外，是不是還有文化上的？我在想是不是宗教力量相對不那麼強的社會裡面，世俗的權威和群體行為有更大的吸引力。先生以為「世俗的宗教」是否大都以理想主義的面貌出現的？理想主義是有很大魅力的，尤其是對年輕人來說。但同時也是有副作用的，運用不當，甚至有危害。我記得我們以前非常容易受理想主義精神感染，這本身也像是一個追求個人道德昇華、內在超越的過程。而在這種精神力量支配下面，做事情是不太考慮後果的。

余： 你提出了一個很複雜、也很敏感的問題，答案恐怕將因人而異，因為見仁見智在這裡是無可避免的。我以為從中國歷史和文化看，這是與中國過去學生運動的長久傳統有密切關係，最早可追到東漢太學生（三萬餘人）的「清議」，反對宦官勢力的腐敗與專橫，後來又有兩宋之際太學生的愛國運動和明末東林的學生運動，至於甲午戰敗於日本後的公車上書和一九一九年的五四運動就更是一脈相承而來。你的問題中隱含著：青年人的理想主義激情是否一發難收，反而造成對社會的傷害？激情難於收發自如，適可而止，大概是一切這一類的運動所不能避免的。我在一九六八年所見學生上百萬人反越戰的運動更可怕，暴力在各校園都有爆發，哈佛、芝加哥、康乃爾等校都有炸彈毀壞建築物及傷人之事。但美國有一民主體制，足以消除暴力，警察雖然出動，並不開槍，只不過依法逮捕犯法者，由法庭處理而已。因此反越戰如此巨大規模的反抗政府事件，終於大事化小，小事化了。

知識人：專業與業餘

陳：美國的漢學家像費正清（John King Fairbank）的學生列文森（Joseph Levenson）說：「中國知識分子無論是在藝術上，還是在政治上，都是業餘的（amateur）。」因為知識分子念書是為科舉，晉身以後就可以做官，但是並沒有接受過政事上的訓練；而從事藝術呢，實際上也包括做學問了，似乎也不是一種職業，做官的在公餘之暇玩藝術做學問，是很常見的。先生覺得他說的是否有道理呢？

余：Levenson 的說法初聽似乎很有趣，但深究起來便不免難以捉摸了。他有一篇長文論明代與清代早期中國社會與繪畫上的「業餘理想」（Amateur ideal），後來收在他的《儒教中國及其現代命運》（*Confucian China and Its Modern Fate*）第一卷中。他從明、清科舉考試用「八股文」這一事實出發，大大發揮想像力，認定傳統士大夫教育只是形式的、無內容的，與將出任的公職毫無專業的聯繫，因此只能是「業餘的」；他又進一步從「八股文」轉到繪畫上面，認為中國沒有專業畫家云云。我認為Levenson用「專業」與「業餘」一對概念是不適當的。這一對概念是現代的畫分，古代及中古似乎少見，無論中國或西方都是如此。中國對「士」首先要求他是「通才」，然後才強調「專業」。但「通才」絕不可與「業餘」畫上等號。而西方文藝復興以後的「人文主義教育」也與中國的「通才」相似。英國牛津、劍橋兩所大學是培養公職人員的大本營，其教育也強調「古典研究」、「史學」、「哲學」之類，也不講什麼「專業」。而且中國科舉考試以外，士大夫還別有與「專業」有關的著作必須閱讀，從典章制度到做地方官的手冊（如《作邑自箴》）之類多得不計其數。「士」並不僅僅做「八股文」而已，「八股文」是一種智力測驗，看考生的頭腦是否靈活（如「破題」是否破得巧妙）。其中自有實用的知識。而明、清進士做地方官，社會上有一種幕府「師爺」可雇用，這些「師爺」是「專家」，專研究「刑名」、「田糧」、「稅役」之類，新進士雖無經驗，有了幾個「幕友」便可處理實務了。至於「藝術」、做學問等更不可說他們是「業餘」。錢大昕、阮元等都是在做官期間研究經學、史學而大成的。

陳：他們也都是知識官僚。

余：是的。總之專業、業餘之分在此不合適。Levenson是極聰明的人，長於哲學，想像力也豐富，但讀中文書較費力，往往以理論代替史學研究，所以蕭公權先生特別不指名地說他好建「空中樓閣」。

陳：最後，潘耀明先生想要我問問您關於您近來工作和生活的狀況。您上次講的關於禪和文學的問題現在開始進行了嗎？

余：我現在還一直在閱讀階段。說是說，興趣很高，但還不到動筆的時候。我自覺年紀已高，精力腦力都漸衰，不能像過去那樣全力以赴了。以圍棋作比喻，我已到了收官子的時候了。讀書若有寸進，大概還會寫一些，不過不願再給自己造成心理壓力了。眼前必須做的一件事，是把多年來所寫的英文文章編成專集，這可能要費一年以上的心力。我本來想研究一下唐代的詩人與高僧，所以陸續在讀詩文與禪宗作品。最近因自已覺得應該放鬆一點，所以不敢說還能做出什麼成績。

陳：我上個月帶學生去日本東京、京都交流了一趟，去了不少寺廟，禪宗的寺院很多，資料也很多。

余：日本是這樣的，宋代以後禪宗傳過去，寺廟裡保存了很多珍貴的資料。不過很多很難看到，當年胡適想搞禪宗，寫篇英文的文章，給鈴木大拙祝壽。他寫信給日本的和尚要到寺廟裡看資料，結果沒有了下文。寺廟的和尚秘而不宣，這也是沒有辦法的事。

余：生活方面，我是基本上足不出戶，很少和外界往來，非萬不得已，不想作長途旅行。如果有人到普林斯頓來找我，我當然很願意與人談話，與人交流。前段時間上海電視台搞大師系列，找到我要我談錢鍾書先生。由傅杰先生向我提問題，後來他寫了一篇文章，叫「余英時談錢鍾書」，寫得很好。

陳：傅杰我們上個月剛剛又見面，我們是很熟的朋友，我到時寫信問他要那篇文章。余先生，那麼我就不再耽誤您時間了，非常感謝您。

余：不要客氣，你要有什麼問題，再打電話過來。

治學門徑與東西方學術

哈佛讀書經驗

陳：余先生，特別感謝您啊，又抽出時間來接受這個訪談。

余：不客氣不客氣，看到了你那個訪談的大綱，覺得很好，我們可以慢慢發展，不一定完全局限在你那個上面……不過也大體上以你那個為主題，因為我已經不記得以前那兩次講了些什麼，如果重複了我就不知道，這個就要靠你把握了，我們盡量不重複以前說的。

陳：這次就是因為中華書局總編輯徐俊先生，他希望將我對您的訪談出一個單行的小冊子。以前的內容他都看過，非常感興趣。只是還想再請您多談一點兒治學的門徑，還有治學的經歷。徐先生特別提到您曾說「上乘著作以金針度人」，所以很希望您能談談治學的門徑和您自己走過的學術歷程，我想這對青年學生和年輕的學者來說是有好處的，可以避免走彎路，所以冒昧再次打擾您。

余：我想我只能從個人的經驗上來說。我沒有辦法提供一個通論性的研究方法論，或入門的快捷方式之類。因為每個人的研究範圍不一樣，很難一言以蔽之。不但如此，有些人是念中國書的，有些人是念西學的。念中國書跟念西方書有什麼不同，就是說兩方面能不能很好地融合，這個過去我們好像沒談過。

陳：我想最關鍵的可能就是您說的這個融合的問題。

余：融合起來每個人又都不一樣。不太可能說我是這樣融合的，你也應該照我的辦法做。我們還是從讀書經驗方面來深一層討論這些問題吧。

陳：好。就融合來說，我常會看到有中國學者，在介入西方概念的時候，有時候會沒有吃透就用，這個就很難融合。反過來，也一樣，西方學者也會對中國缺乏足夠的了解，就想當然地發議論，所以我覺得要融合得好特別困難。

余：恐怕這個要看個人了。每個人也不一樣，沒一個一般性的融合的辦法，要看你專攻的哪一方面，是不是？你自己也有經驗。你研究過西方東西沒有？

陳：我沒有特別研究過。但是我對西方早期的漢學和西方漢學中的早期中國研究一直特別有興趣。余先生，您到哈佛去念書的時期，也是一開始就做中國學研究嗎？

余：不是。我到哈佛一開始並沒有打算讀學位，只想訪問兩年，那時候是

visiting scholar。我只做了兩年的打算，而在這兩年，是由哈佛大學提供資助的，是哈佛燕京獎金 Harvard-Yenching Visiting Scholarship，這個獎項到現在還在。這是從一九五四年開始的，主要請東亞地區中日韓三國的學者到哈佛訪問，從事研究。就中國而言，那時候大陸沒法包括進去，只有香港、台灣代表中國方面。我來的時候就想多念念西方的書，可沒想念漢學，所以最初兩年多半念的是西方東西。而我對新亞書院有正式承諾，訪問兩年以後一定要回香港母校服務。我當時想的是，我既然到國外來了，那又何必念中國書呢。所以我想先多念一些西方的書，至於怎樣和中國學問聯繫在一起，那可以等我回香港以後再慢慢消化。

陳：那麼您當時最有興趣的是哪方面的書？是否有什麼志向，在哪方面治學？

余：當時是這樣想的：一開始是想對西方有一個通識性的了解，先就我本來最感興趣的問題或時代作切入的地方。但我從沒有在西方人文方面做專家的打算，因為一般基礎不夠，希臘文、拉丁文等都沒有學過，不可能運用第一手文獻。不過可以多讀西方專著，修養到研究生畢業的程度，對西方文、史、哲古典有通識的程度，以後回香港教書可以不誤人子弟。

陳：所以您那時候還是打算學完了以後回新亞書院的。

余：當然要回新亞。因為那時候我和新亞簽的那份合同是：如果訪問一年，便回去新亞至少服務一年；如果得到延續一年，便得回新亞教兩年。反正是要盡義務的。這就是我從一九七三年到一九七五年在香港做新亞書院校長的原因。我回去要還這個久欠的債。不過到了七〇年代，新亞方面不是要我教書，而是主持校務，因為新亞加入中文大學後，情況改變了。總之，我在一九五五年初去美國時只準備留美國兩年，必須爭取時間學西方學問。原來在香港念書的時候我已經對西方的東西很有興趣了，除了剛才說的我個人的想法以外，可能也還因為我父親是學歐洲史跟美國史的，主要是美國史。這是個家庭的背景。

早歲啓蒙與文史基礎

陳：那麼老先生他是在美國什麼地方，也在大學裡教書嗎？

余：他一九二六年到一九二八年在美國。他在哈佛待過一年，在Colgate

College 念過一年。他是私費留學，所以只能念兩年就回去了。回去以後最早是在南開大學歷史系教書，好像做過系主任。我就是父親在南開教書的時候在天津出生的。出世以後沒多久，我母親就過世了。他心裡很難過，在南開待不下去了，就離開了天津。他在南開就教了一年，後來又去復旦大學。最後在東北辦一個大學，叫中正大學。

陳：那是什麼時候？

余：一九四五年到一九四七年，我父親在東北辦學校，做東北大學的代理校長。但是一九四七年的時候，共產黨很快就把東北拿下了，所以我們就一路往南，先到北平——那時候還叫北平呢，從北平再到上海，然後這樣一步一步出來的……

陳：余先生，您家在安徽潛山那邊是不是也是世家，在當地比較有名的那種家族？

余：不是世家。如果說世家，中國從前都是指家族在科舉上要有人的。我們家一家，從家譜上知道的來看，連一個進士都沒考取過。只有本家有過幾個進士，在清朝末年。多數的人都沒有什麼功名。念點兒書，但是也是半耕半讀，那種典型的「耕讀世家」，你可以這樣說，而談不上是什麼書香門第。

陳：我看您寫的〈我走過的路〉[1]，裡面講到在潛山官莊村的時候，您小時候接受過幾年像私塾一樣的教育，是吧？

余：是啊。但是那是非常不完整的，斷斷續續的。因為有時候有先生，有時候先生走了就不來了。所以在鄉下九年，真正上過私塾的時間不到三年。

陳：那時候的私塾教育是要背那些經典的，是吧？

余：那時也有一個老師，是姓劉的，他也講課，特別要學生發問。他已經是受過西式教育的了，不過教的內容還是舊式的。基本上有些東西是要背的，不過也不是十三經從頭背到尾。我們那時候就是從《左傳》、《戰國策》那些書裡面挑出來一些背一背。我也背不了……我年紀比較小，還不夠大。

陳：那時候才六七歲？

余：七八歲。所以也不能跟最高年級的那些人比。旁聽他們講講，這樣有些文學常識，談不上是古典訓練。所以說，實際上我基本沒上過正規的中學，只是斷斷續續上過一點，小學等於沒有。然後中學呢大概念過一點

1 〈我走過的路〉收入本書。

兒，等於說初中都沒畢業，上過一年兩年，然後就沒上了。斷斷續續，可以說沒有受到正規教育。所以到瀋陽以後才開始正規上學，也開始學英文了。在鄉下的時候英文根本就是不通的，大概就學了二十六個字母。

陳：不過我倒是想，沒有受正規的教育，也未嘗不是件好事，反而很多大學者都是沒怎麼受太多正規教育的。

余：是有好處就是了。我想就是思想不大受約束，許多清規戒律我都沒碰到，所以我倒是比較自由一點。這樣說吧。那些受正規教育的人連黨義都要學的嘛，國民黨三民主義啊之類的東西……

陳：就跟我們後來在大陸一定學馬克思主義政治經濟學、馬克思主義哲學一樣。那些是比較教條式的講義，可能跟古代科舉裡的「高頭講章」差不多，都要死記硬背，每個階段都要考試……

余：那麼一來，思想馬上就受束縛了，從此有些東西你不敢想了嘛，很多方向從此就避開了。在無形中而不是有意的，很自然地就會受到影響，比較機械地考慮問題，往一個方向想。然後能做的大概都是一些技術層面的東西，而不是思想。

陳：您之前在〈怎樣讀中國書〉[1]這篇文章中提到那個「古今中外論讀書，大致都不外專精和博覽兩途」，又提到必須「建立自己做學問的基地，有了基地，就可以擴展，這就是博覽了」。這些對喜歡讀書做學問的青年學子都會有很大的啟發。選擇基地本身是否也很重要？比如中國傳統學問從根上說都是從經典開始的，經典是否可以說是「眾妙之門」？不管做文史哲，對十三經是都應該熟悉，對於做思想史尤為如此，如果熟讀這些經典，對思想史的研究有很大的幫助？

余：是這樣的。不過今天要熟讀經典不大容易，因為我們沒那麼多時間。在現代教育的體制之下，知識的範圍擴大太多了，我們只能花很有限的時間在中國古典上面，其他功課太多，實在應付不過來。古代的學者不一樣，像戴震年輕的時候十三經本文都能背，注也能背下來，就是疏還背不了。我們哪有這工夫？他們要從小學入手，從《說文解字》開始打基礎的，而這種功夫，我想現在只有到研究所階段才能開始，已太遲了。現代國學自「五四」以後，如胡適、顧頡剛等也沒有乾嘉時代的古學修養了，不過具有較高的常識而已。我所知道的大概也只有像章太炎門下的弟子偶爾有之。比如黃侃，他最推重的有八部書，八部以外不可

1 余英時，〈怎樣讀中國書〉，收入《現代儒學的回顧與展望》（北京：三聯書店，二〇〇四）。

能都精[1]。不過我看他日記上講《舊唐書》他是很熟的，但也不能算是經典。就經典而言，我想《周禮》之類的他是下過功夫的。此外據俞大維說，陳寅恪對十三經、前四史都貫通。但這也是例外，與家世條件有關，再加上特殊稟賦，絕非人人都能做得到。若以西方的經典來比照的話，比如說在牛津大學，荷馬史詩，柏拉圖、亞里斯多德哲學，悲劇，史書等經典都是教研的重點，學生可以受到極好的訓練，但也不能全部精通。有些人像楊憲益，他是在英國學古典的，他在自傳上講，他在Oxford（牛津）的時候，希臘文和拉丁文就沒有真正好好用功過。錢鍾書在牛津也沒有念希臘文。總之，今天要求人文學者全面精通經典，無論中外，都不可能。只能每人就性之所近，選若干部為研究基地。所選也不一定是十三經，前四史和諸子也是經典。事實上我們知道，宋朝以後，四書已經取代五經了，宋以前大家都念五經，唐朝早期是接續南北朝的傳統。所以唐朝的取士有五經，還有詩賦，五經也還非常重要。到中唐以後，就不太一樣了，韓愈的詩說「春秋三傳束高閣，獨抱遺經究終始」，他只看經書本文。但是你要不看注跟疏，那本文就不一定能看得懂。後來明清時候的科舉考試就是你自己選一部經。就是漢朝的時

1 黃侃推重的八部書：《毛詩》、《左傳》、《周禮》、《說文解字》、《廣韻》、《史記》、《漢書》和《昭明文選》。

候，儒生也不是五經都通的。當然像馬融、鄭玄那樣都通的也有，但畢竟比較少，那就是大師了。當時的話就叫「學究一經」。「學究」這個詞即由此而來。專研究一部經書，靠那個起家。我的具體建議是：先選定自己的專業領域，再就研究題目相關範圍選出一兩部最主要的經典，下切實功夫，以之為基地，以後再隨新研究題目擴大到其他經典。久而久之，重要經典便都接觸了，弄熟了。至於經、史、子、集中最中心的作品，則在暇時閱覽，一步步擴展對於經典的了解。今天已不可能先找出幾年時間遍讀經典了。王國維可以師法，他就是結合著研究而讀經典的。

先立其大，則小者不能奪

陳：實際上現在我感覺我們做研究，大都是採取比較功利的態度，就是針對我們現在做的這個問題，圍繞這個問題來看書。簡單地說，就是在對待問題上是「不擇手段」的，圍繞著這個問題，只要是能找到解決的方案，或者循著這個路向，有可能有解決的方法，然後再深入地看書。很難說是完全憑著興趣，不帶目的性地泛覽。

余： 我不反對「環繞問題看書」，但這是訓練已成熟，獨立從事研究時的事。在這以前還是要在大學和研究所時期讀一些基本經典，然後才有資格進行「狹而專」的研究。像過去芝加哥大學有「偉大的典籍」（Great Books）這一類的通識課程，就是選取柏拉圖、亞里斯多德、莎士比亞等若干偉大的不朽的經典，讓學生讀。這是基本訓練，不可以不具備。有了這一訓練，是做學問入門，還談不上精通古典。但若沒有這一訓練，立即翻書找材料寫論文，那是不合格的。

陳： 對。現在培養研究生，我看很多也只能這樣，基礎還不是很牢固的時候，就要開始找題目，寫論文。

余： 那很難搞好。如果從資料中間隨便找一個問題，然後其他方面就不看了，也不能真正了解，全面了解，是吧？只能鑽牛角尖。所以現代學者的研究專題，有的好像寫得很豐富，其實是讓專題離開了它所屬的那個社會和時代的脈絡。整個文化不是一個平面的東西，是立體鮮活的，必須先發展出一個整體觀，然後才找小題目做研究。

陳： 我讀先生的著作，感到先生在討論歷史問題的時候，所呈現的圖像是立體的，像《朱熹的歷史世界》，從北宋初年的古文運動和新學一直講到朱熹，這是用歷史學的方法討論思想史的問題。同時又舉出很多的例證，比如，談到王學在南宋孝宗朝還很有影響，您舉魏元履想上疏要罷祀王安石父子，追祀二程，宰相陳康伯要他先密不告人，並且說「恐人笑君爾」的例子，既說明問題，又很生動。

余： 研究歷史上的問題是需要立體化才行。不管你的研究重點在哪裡，無論是在文學、在哲學，還是在史學，你要呈現出來的是一個活的圖像，盡可能讓當時的文化狀態復活在眼前。譬如研究思想史，不是僅僅列舉當時的著作和其中思想的內容，而是把思想放在當時生活脈絡中去了解。你既要重新建構古人生活方式、價值系統，也要注重社會、經濟、政治變化等。

陳： 一般做思想史都是講概念，都是講概念的變化，偶爾涉及制度、政治和生活，也只是作為簡單的背景來介紹一下。讀您的著作，我感覺這好像是從歷史的角度來做思想史，是從政治、社會、制度和其他很多方面來談。

余： 我認為每一相關方面都要有大體的認識，然後才可以集中討論自己想講的東西。你不可能精到什麼都知道，那是做不到的，但是大體的了解一定要有，然後你才能有一個整體的觀念。一個立體的全面性的掌握，那個時代在你心裡才是活著的。

陳：就這一點而言，是有一定的難度的。這個恐怕就需要博覽了。

余：不止是博覽，還要深思，如此才有可能把初看不很相干的東西聯繫起來，這便是給歷史研究以生命，使過去遺存下來的文本、文物等活了過來。在這一過程中，要能抓住大的東西，孟子所謂「先立乎其大者，則小者不能奪矣」。你要是只注意一件件孤立的事實，糾纏在細節中，就比較麻煩了。

陳：這可能就是司空圖《詩品》裡講的那個「超以象外，得其環中」。

余：是要「得其環中」，當然這也可以說是《莊子》的想法了。「得其環中」就是裡外都要顧到。像詩也是這樣的，詩的內容，詩本身的好壞，詩是在什麼情況下寫的，詩人到底想表達些什麼東西，要不了解詩人的生活，就很難理解。詩人生活又是當時整個政治文化社會生活的一部分。研究杜甫，你就非要研究整個盛唐開元、天寶間的歷史、安史之亂等等，與這些有關的書都得好好念，然後你才能抓住杜甫到底關心什麼。你提及《詩品》，大概是想談一談中國文學史上的經典問題。文學經典如《詩經》、《楚辭》以下多得不可勝計。漢魏樂府當然也是經典。

陳：還有《文選》。

余：是的，還有《文選》。但《文選》的重要性已超出文學史以外，必須聯繫到唐代「精熟《文選》理」，始能高中進士詞科這一事實上去。如果念文學批評，那麼《文心雕龍》、《詩品》，還有很多的詩話詞話之類的作品都是經典。如果不精讀其中一部分，便不大可能真能研究中國文學批評。僅靠西方學說是不行的。熟悉若干經典即中國人常說的「看家本領」，無論經、史、子、集都不可少了此本領。過去有成就的學人都是這樣的，我可以肯定地這樣說。他們都有一兩部書作為看家本領，關於這一兩部經典裡裡外外他都能搞得很清楚。今天做學問的情況可能跟以往有所不同，教育制度不一樣了，現代化了以後，要學的東西太多。像現在哪能專讀中國書呢？晚清西學傳入之後，中國人文研究進入一個新階段，即比較文化日益重要起來，《四庫全書》的範圍已不足以包括人文學問了。

陳：就是說對中國的典籍比較熟悉，然後再要有自己的看家的本事，除此之外，我們還要結合、借鑑一些西方的方法和學術軌範。

余：我最近講國學的問題就引用王國維的話說，「中西二學，盛則俱盛，衰則俱衰」[1]。兩種學問，越來越分不開了，西方成為一個必要的參照系。清末民初的王國維、梁啓超，以至劉師培、章太炎等都是西方參照系之下為國學別開生面的。中、西二學要彼此同時進行，才有好的效果。像你現在研究《詩經》，也不能不看西方的某些觀點，而不光是看漢學家的了。漢學家也是受他那個時代西方的一些文學、思想和學術潮流的影響。

陳：是這樣的。像講《詩經》的葛蘭言（Marcel Granet），他就是受涂爾幹的影響，從早期初民社會中流行的節日慶典、歌唱求偶的角度來理解《詩經》，選出他認為屬於對唱的民歌……

余：是啊，葛蘭言是從 Sociology（社會學）的角度來看詩歌，看到《詩經》就特別注重某些人類學上的這些歌舞節慶之類的。所以他是一個很明顯的例子，把社會學的觀點、人類學的觀點帶進中國漢學研究，原因就在他跟涂爾幹的關係。

1　見〈「國學」與中國人文研究〉（二〇一〇年一月十五日），載余英時《史學研究經驗談》（上海：上海文藝出版社，二〇一〇），頁九九。

陳：在哈佛讀書的時候，您覺得在西方的學術訓練，還有思想這方面訓練，對您影響大的有哪些方面，哪個領域，或者哪些著作？

余：這事說來話長，這裡只能扼要講一講。前面說過，我初去哈佛的身分是「訪問學人」，而且以為最多只能訪問兩年。因此第一學年貪多，聽了許多不同領域的課，如西方思想史、歐洲中古史、文藝復興史、當時著名的社會學家帕森斯（Talcott Parsons）的「社會系統」新理論，還有哲學系的歷史哲學等。當時我的背景知識不足，不過得個大概而已。第二學年哈佛燕京學社讓我改變身分，成為歷史系研究生，攻讀博士學位。但我對西方學術和思想的興趣依然很高，決定第一年主要還是受西方學術的訓練，因此選了歐洲古代政治思想史（政治系）、羅馬史（歷史系）、歷史哲學（哲學系）。但這次是修學分，正式做研究生，必須考試和寫論文，和美國學生一樣受訓練，不再能像「訪問學人」那樣，自由聽課，自由讀書了。第一學期有此三門重課，實在吃力。當時的我可謂糊塗膽大，不知天高地厚。第二學期也還是以歐洲史為重心，選了文藝復興和宗教改革等課，還有古代政治思想史是連續到下學期的一年課程，吃力如故。這些課程確實給了我比較嚴格的訓練，是我以前在燕京大學和新亞書院所沒有得到的。今天回顧，所得至少有兩大方面：第一，方法上的訓練，知道西方是怎樣治學的；第二，開拓眼界，發展出一種比較歷史和比較文化的觀點。這兩點對我以後研究中國史發生了深遠的影響。

陳：您當時的老師是美國人嗎？

余：不全是美國人。如教羅馬史的是一九五六年從牛津到哈佛訪問的大名家賽姆（Ronald Syme），當時費正清鼓勵我選羅馬史，以與中國傳統帝國作一對照。教西方古代政治思想史的是哈佛政治系權威，原籍德國的佛烈德里治（Carl J. Friedrich），說話還有很重的德國口音。我從他的課上，初次系統地閱讀了柏拉圖、亞里斯多德……等人的古典著作。教授歷史哲學的是美國人，當時是哈佛哲學系主任，分析哲學名家。他的課觸發了我比較章學誠和柯靈烏（R.G. Collingwood）的歷史思想。他的大名是懷特（Morton G. White），他是伯林（Isaiah Berlin）的好朋友，我因他在課堂上的介紹，而對伯林的思想史研究發生了極大的興趣，從此收集了伯林的一切著作，一再反覆研讀。懷特和我很有緣分，他後來（一九七〇年）離開哈佛，轉到普林斯頓高等研究所專做研究，退休後定居在此。我因此和他再度往來，相聚多次。他至今仍健在。

但我在研究生的第二學年必須決定選歐洲史某一特定時期作為博士計畫中的副科（主科當然是中國史，導師是楊聯陞先生）。幾經考慮，最後我選了文藝復興到宗教改革（大約一三〇〇—一六〇〇年）這三百年的歷史做副科。所以從一九五七年以後我便全力修這段歷史，細讀指定的相關名著，選修考試課程和討論班。這次我的老師是基爾莫（Myron P. Gilmore），也是美國人。但他休假時則聘文藝復興的大家基爾伯特（Felix Gilbert）代課。因此我也有機會在基爾伯特門下進修。他後來在普林斯頓高等研究所任教授，只研究不用教課。他原籍義大利，也有口音，在文藝復興這一領域，他成名在基爾莫之前，著作極多。我在這兩位教授的指導下，讀了布克哈特（Jacob Burckhardt, 1818-1898）的經典著作《義大利文藝復興時代的文化》（*The Civilization of the Renaissance in Italy*）[1]，使我終身受用。這是一部文化史的經典，也是文藝復興這一門學問中的經典。一百多年來，這段文化史的研究已面目一再換新，布氏書中的一些具體問題也不斷有新的修正。但此書之經典地位始終不變，我們今天研究這一段歷史中的任何一方面，還是必須以布氏書為始

1

Jacob Burckhardt（雅各・布克哈特）, *Die Cultur Renaissance in Italien*, English translation by S.G.C. Middlemore, *The Civilization of the Renaissance in Italy*（New York: Modern Library, 1954）, an essay and introduction by Hajo Holborn.

點。這便是經典之所以為經典，它不受時間的限制。即使你修訂了他的某些觀點，你也還是要以他為起點。

陳：不能繞過他。

余：繞不過去的，因為這是奠基礎的不朽之作。所以你問起研究方法，我認為怎樣找到一部最經典的書去細細體會，恐怕是最能夠得到方法的快捷方式。你要想知道怎麼運用材料，怎樣提出問題，怎麼解答問題，看看最經典的學術著作，最精采的學人，他們是如何做的，而不是去找機械式的歷史方法，或專門去講方法論，那是沒用的。像游水手冊一樣的東西，告訴你怎麼呼吸，告訴你手腳的動作，那有什麼用呢？你何不直接到水裡去試試呢？

陳：當然對學生來說，直接到水裡去那是需要一些膽量的。

余：所以我在預備考博士口試前，曾以此書為中心，讀了一些重要的著作。就是我剛才說的，布氏此書對我影響很大。我在一九五九年寫的〈文藝復興與人文思潮〉（收在《歷史與思想》），便是影響的實證。這本書中國人翻譯過很多次。

陳：翻譯過。在大陸很早就有中文版，大概八〇年代初的時候，我們當時都看這本書的中譯本。

余：但是那個譯本譯得不好。好的譯本，最近倒是有一個，台灣的女教授花亦芬翻譯的。她是譯注，她不但譯，還有注釋。她是從德文翻譯過來的。所以無論就語言或理解而言，她的新譯本比之前的兩個譯本都好得很多。而且，她在德國受過訓練，所以大家看這一新本就可以了[1]。

陳：是什麼時候在台灣出版的？

余：剛剛出版的。我不記得是哪一年，好像是二〇〇七年，出了才三年。那是很大部頭的一本書，因為再加上注，所以就差不多有六七百頁。她書的前面還有一篇很好的導論，後面又有注。導論中也牽涉到研究問題的，也談到以前的中文翻譯。當然，這個我還需要再花工夫仔細看看，我是前兩年才收到她這一本書的。

洪煨蓮（業）與楊聯陞

陳：當時您在哈佛念書的時候，洪煨蓮（洪業）先生還在那裡嗎？

余：洪煨蓮在，我常常跟他在一塊兒聊天呢。

1 雅各·布克哈特著，花亦芬譯，《義大利文藝復興時代的文化》（台北：聯經，二〇〇七）。

陳：他那時候是在教課嗎？

余：當時他沒教課，他是做研究。只有在楊聯陞先生生病的時候他教過一個學期。從那以後就再沒有，因為他年紀也大了嘛。

陳：那個時候洪先生多大歲數？

余：洪先生那個時候大概六十多歲。

陳：您和洪先生經常能見面嗎？

余：經常見面。因為我父親是他的學生，我父親在燕京大學教書時跟他念過書。他是教西洋史學的。我是叫他「太老師」的，所以常常聽他講許多有趣的事情。人也非常結實的。

陳：他做南明史做得很細，還有翻譯杜甫的詩。

余：嗯，當然他最重要的是翻譯杜甫的詩。最重要的工作是兩本書：一本注一本翻譯。

陳：像他這種情況怎麼在美國也沒有正式的教職呢？

余：沒有，因為他是抗戰以後的一九四六年出來的，後來他想溫習溫習。之前在中國日本人把他關起來了，後來雖然放了出來，但是他跟學術、跟西方漢學也都脫節了。他是在哈佛燕京學社做 index（古籍引得）工作的主要負責人。應該是哈佛燕京學社幫他的忙，所以就請他到哈佛訪問一年。那一年大概他教過書，主要是教一年或者是上一個課，後來局勢變了他就回不去了。他夫人是夏威夷的中國華僑，所以他們家都在美國，不能回去了。他家裡常常招待學生或者外來訪客，胡適要去 Cambridge，他把幾個學生請到一塊兒，見見面，談談話這樣。給哈佛燕京社捐錢，他的功勞是很大的，因為他跟 Henry Luce 關係是非常好的。

陳： 他跟 Henry Luce 很好？八〇年代初，剛改革開放不久，大陸很多學者去美國的大學訪問，他們都是 Luce 獎助的受益人。

余： 是啊！所以那個時候洪先生不能回大陸，也沒地方可去，哈佛燕京社就決定請他做一個研究員，把他留下來了。這是要幫他忙的意思，不是說當時哈佛有一個職位空缺，需要找他這樣的人。哈佛當時沒有招聘，沒有別的空出來的位置。

陳： 那楊聯陞先生在哈佛是什麼職稱啊？

余： 楊先生是教授。就是從 Assistant Professor（助理教授），然後一步步地升到 Associate Professor（副教授），然後 Professor（教授），最後是哈佛燕京教授，也就是 Chair Professor（講座教授）。

陳：楊先生以前受的教育也是在大陸嗎？

余：在清華，清華經濟系的。他做了一篇關於唐代稅制的論文，是跟陳寅恪先生做的，所以楊先生也是陳先生的弟子。後來在美國就在哈佛念 Ph. D.。不過他還念過英國方面的學位，但主要還是搞經濟的。他的博士論文就是翻譯《晉書．食貨志》。這是很難翻譯的東西，但是他加上注，加上一個概論，把整個晉代一朝的經濟史呈現出來了。後來收到他的 *Studies in Chinese Institutional History*（《中國制度史研究》）那本書裡面[1]。他是科班出身。洪業先生在美國沒有念完博士就回去了。楊先生跟周一良先生是同一時期的。

陳：那他跟周一良先生也認識吧？

余：豈止是認識，熟得不得了。因為周一良本來在燕京大學幫一個哈佛大學的 Assistant Professor 賈德納（Charles Sidney Gardner）做副手、研究助理，幫他看中文和日本的資料。Gardner 回到美國以後，想再請周一良做副手，但周一良在哈佛念博士，有獎學金，不能接受，就向他推薦楊先生。所以楊先生是 Gardner 請的，用私人獎學金把他請來的。否則楊先生自己家裡沒有錢，不可能來。剛來的時候，楊先生住在 Gardner 家，

1 Lien-Sheng Yang, *Studies in Chinese Institutional History*（Harvard-Yenching Institute Studies, XX）, Cambridge, Mass.: Harvard University Press, 1961.

然後他就申請到助學金，讀研究生。Gardner 家裡很有錢，他也寫過一本書講中國史學，很好的一本小書。後來 Gardner 跟另外一個人競爭哈佛的教職，那個人拿走了，所以 Gardner 就沒拿到這個終身職的教授職位。但是那個拿到教職的 James Ware 後來也沒有什麼發展，連正教授也沒有升成。所以哈佛燕京的系裡面要求再加一個教授職位講中國史，就請楊先生了。楊先生本來答應胡適之要回北大教書的，所以最後寫信問胡同不同意，胡先生說同意他留下來。因為那時候中國局面也不大好。

陳：那是哪一年呢？

余：四〇年代末，一九四七年。

陳：楊先生是什麼地方人？

余：他的祖籍是浙江，但世居北京附近。

陳：我看您寫的《十字路口的中國史學》[1]上提到，繆鉞先生是楊先生的內兄，我是從您的書裡才知道的。

余：是楊先生的內兄啊。因為繆鉞在中學教過楊先生的，看中楊的才華，就把妹妹介紹給他。這是中國老規矩，呵呵。楊先生的家在北京城外頭有個縣叫清河。

1

Ying-shih Yu, editor and principal author, *Early Chinese History in the People's Republic of China*（Seattle: School of International Studies, University of Washington, 1981）. 中譯本《十字路口的中國史學》（台北：聯經，2008）。

陳：他是清河人，那就是北京人。

余：他們家本來住在保定，後來又到北京來念書。

陳：那他說話也是一口京片子吧？

余：完全是京片子，而且京戲唱得極好。

陳：說到京戲，原來老一輩的在美國的華人學者很多都是很喜歡唱京戲和崑曲的。我前一段時間在看周策縱先生的書信，然後看到張充和的信，講她唱崑曲什麼的。

余：張充和是唱崑曲的。

陳：在崑曲上她是專業水平了吧？

余：她的水平是最高水準了，她跟俞平伯一塊兒研究崑曲，跟俞振飛一塊兒上過臺，是崑曲大家了。最近大陸出的張充和的東西很多嘛。

陳：她們姊妹嫁人眼光很準。但俞平伯先生對崑曲喜歡是喜歡，可是唱得卻不太好，他自己說自己引吭一曲，他的夫人、內弟和合肥姊妹都忍不住笑。

余：合肥姊妹嫁的都是名人。

陳：她們姊妹一個是沈從文的夫人，一個是傅漢思（Hans Frankel）的太太。

余：還有一個是周有光的夫人張允和。周有光夫人還跟我和過詩的，所以我還給周有光的書寫了序呢。《周有光百歲口述》[1]那本書是我給他寫的序。她跟我和過很多詩，這是後來張充和告訴我的。

陳：就是她和您給張充和的詩是吧？

余：和我的詩是因為大概在一九六八年左右，張充和在哈佛演出《思凡》和《遊園驚夢》，我去看了以後給張充和寫了兩首詩。其中有兩句是：「不須更寫還鄉句，故國如今無此音。」我那時候是說中國已經沒有崑曲了，文化大革命嘛，所以我說：「京華舊夢已沉沉。」

陳：我想起來了，我看到過這首詩。

余：你應該看到過。不但是張允和，還引出來很多人和詩，我在一九七八年到中國去的時候跟張允和跟周有光在北京機場匆匆見了一面。

陳：對，您是代表美國漢史研究小組去大陸考察的。傅漢思也去了。

余：對，我在詩的後兩句寫的是：「不須更寫還鄉句，故國如今無此音。」[2]後來「四人幫」垮了，崑曲恢復，她就和我說：「故國如今有此音」了。而且這詩還是由寫《梅蘭芳傳》的老先生許姬傳[3]親筆書寫在宣紙上的。張充和給這些詩起了個名字叫不須曲。所以有這麼一段文字因緣。

1 周有光，《周有光百歲口述》（桂林：廣西師範大學出版社，二〇〇八）。

2 余先生原詩有兩首，其一云：「一曲『思凡』百感侵，京華舊夢已沉沉。不須更寫還鄉曲，故國如今無此音。」張允和和詩三首，其一云：「十載連天霜雪侵，回春簫鼓起消沉。不須更寫愁腸句，故國如今有此音。」其二云：「卅載相思入夢侵，金陵盛會正酣沉。不須怕奏陽關曲，按拍歸來聽舊音。」其三：「聞歌『寄子』淚巾侵，卅載拋兒別夢沉。萬里雲天無阻隔，明年花發覓知音。」另有其他作者和詩若干，張充和戲冠之你要能找到廣西出版的《周有光百歲口述》，你就可以看到。香港也很熱鬧嘛！因為牛津出版社給她出了一本書。北京也出了張充和詩書畫集，也是我寫的序。我在香港牛津大學出了一本《中國文化史通釋》，把張充和的那首詩也放在裡面了[4]。

陳：您一九七八年去大陸的時候氣氛緊張嗎？我的意思是，那時候很少有外國的學術代表團來大陸，特別是文史方面的。那些學者去見您的時候，是您提出見誰就見誰嗎？

余：那當然了。我要求見誰，才能見到誰。繆鉞先生當時就是我要求見的，因為楊聯陞先生要我去看他。而那時候繆先生是被趕出來沒地方住了，所以不能讓我去看他。本來是領隊的人說讓繆先生到我住的旅館來，但是我說那不行，繆先生是老長輩。後來他們就說等他們安排安排，「明天」再去。後來他們就給繆先生臨時搬家，給了他一個好一些的房子。

陳：看完之後沒有把房子收回去吧？

余：沒有，繆先生怕要收回去，後來還找人到成都來感謝我。我當時一點都不知道。陪我們的是歷史所的林甘泉。一路陪我們一直到敦煌、成都都是他。

以「不須曲」之名。見余英時，〈周素子右派情蹤序〉及周素子，〈記當代才女張允和〉，收入周素子，《右派情蹤：七十二賢人的婚姻故事》（香港：田園書屋，二〇〇八）。

3 許姬傳有《梅蘭芳的舞臺藝術》（北京：通俗文藝出版社，一九五七）、《舞臺生活四十年》（北京：中國戲劇出版社，一九六一）等關於梅蘭芳的傳記。

4 見余英時，《中國文化史通釋》（香港：牛津大學出版社，二〇一〇；北京：三聯書店，二〇一〇）。

俞平伯與錢鍾書

陳：那您也見了錢鍾書先生。

余：那是我要求見的。我是要求見俞平伯、錢鍾書兩位先生。在俞平伯家見面的。

陳：那時候俞先生應該是住在永安里那裡，您是到永安里去見的吧？

余：不是永安里，是三里河。

陳：錢先生也到俞平伯先生家裡？

余：還有余冠英。余冠英是傅漢思，也就是張充和的先生要見的。他們就這三位先生，我們這邊大概有六七個人呢。

陳：代表團就您一位中國史學家吧？其他幾位做什麼啊？

余：所以我們就分組談話。我主要是和俞平伯和錢鍾書兩位先生談，而傅漢思他們幾位主要和余冠英先生談話。

陳：您還記得當時在俞先生家見面的細節嗎？談話主要是哪方面的內容？

余：我記得和錢先生是從錢賓四先生說起的，錢先生說他和錢穆先生是老本家了，如果敘起譜來，他應該算是錢穆先生的「小長輩」。這事我後來

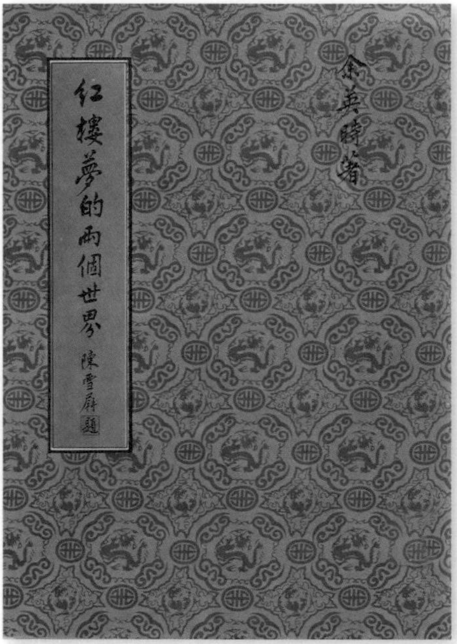
紅樓夢的兩個世界
陳雪屏題
余英時著

還問了一下錢賓四先生，錢穆先生說錢鍾書先生說得不對。錢穆先生說他們兩家不通譜，所以根本算不出輩分的。

陳：但他們都是吳越王錢鏐的後代，都屬於「吳越王孫」吧？俞平伯先生跟您講《紅樓夢》，是不是因為您寫了《紅樓夢的兩個世界》那本書？[1]

余：之前是張充和回北京，她把我那本《紅樓夢的兩個世界》轉送給他的。訪問那天，他的外孫韋柰告訴我，他的外公很喜歡《紅樓夢的兩個世界》，讀得很仔細。我的書是批評「自傳說」的，恰好俞先生也早有此意。有些專家把自傳說發展到極端，太過頭了。《紅樓夢》當然包括了作者身家背景的某些部分，但作為一部小說，曹雪芹一定有一套創作構想，否則怎麼能成偉大作品？俞先生同意這一看法，所以我們談得很入港。錢鍾書先生也有興趣。他告訴我說：「喬木同志說，『曹學不是紅學』這一點還是靠海外漢學家指出來的。」我和余冠英先生就沒有太多的交談，不過我知道錢先生有一部大著作《管錐編》即將出版則是余先生告訴我的。後來錢先生還跟我約稿，說有一個關於《紅樓夢》的專刊。

陳：噢！我知道，那是文學所的《紅樓夢研究集刊》[2]，主要是陳毓羆、劉世

1 余英時，《紅樓夢的兩個世界》二版（台北：聯經，二〇一七）。

2 中國社會科學院文學研究所創辦之《紅樓夢研究集刊》由《紅樓夢研究集刊》編委會編輯，上海古籍出版社出版。一九七九年十一月出版第一輯，一九八九年十月出版第十四輯後停刊。

德幾位先生辦的。

余：那時候我還不認識陳毓羆先生，是後來到威斯康辛才見到他的。錢先生後來還給我寫信約稿，但我那時已經不做《紅樓夢》研究了。當時錢先生跟我談《紅樓夢》，我相信他事先也看過我的一些材料。這是中共接待外面來的訪客的一般規定，先摸清對方的底牌。

陳：我想錢先生應該不會太積極為官方說話吧？

余：錢先生當然不肯做官方的傳話筒，但有時為形勢所迫，也不得已而為之。大概八〇年代初，我在台北拜候錢賓四師，他剛收到錢鍾書一封兩頁的親筆信，交給我看，那是真跡，毫無問題。信上說，蘇州即將慶祝兩千五百年建城紀念，準備舉行大會。「有關方面」託他寫信「先容」，後面將有正式邀請函。賓四師說，信不知是誰從大陸帶來，放在他信箱中的，因為信封上無郵票，且是敞開的。賓四師並沒有回信。後來楊絳還寫了一篇回憶文章，提及此事，對於賓四師置之不理，似有微詞。其實賓四師此時對錢基博、錢鍾書父子好像也有些心理不平衡。起因是楊絳寫過一篇文章稱頌錢鍾書的絕世天才，其中引了一個例子。一九三一年賓四師的名著《國學概論》（商務）上原有錢基博先生的序，而且「有所針砭」。賓四師在〈自序〉中還特別向「子泉宗老」致謝。但楊文第一次揭露：這篇序竟是錢鍾書代筆，而且「一字未易」。那時錢鍾書剛入清華不久，最多大學一二年級，年紀也才二十歲，能代父寫這樣討論學術史（主要是清代）問題的序文，的確是天才。這事很快傳到賓四師耳中，他的感覺可想而知。他原以為「子泉宗老」對他的著作很鄭重嚴肅，不料竟不肯親自下筆，委之年甫弱冠的兒子。所以後來台北聯經的「全集」本《國學概論》中便不再收錢基博的序了，連帶著〈自序〉中謝「子泉宗老」的話當然也刪掉了。這件事我不便和賓四師談及，但我一查「全集」本〈自序〉，便恍然大悟。但此事至今尚未受人注意，我覺得應該把事實說出來。

陳：錢先生還說過什麼有趣的事，在您記憶中留下比較深刻的印象嗎？

余：錢先生和我談到馬克思的浪漫史，我以前和你提過嗎？

陳：這事沒有說過。在我們大陸的中小學課本裡，只學過馬克思和燕妮的偉大愛情。

余：我已經記不起話題是怎麼轉到馬克思和燕妮身上的。但我依然記得錢鍾書的表情一下子變得很淘氣，說他讀到了馬克思浪漫史的故事，感覺十分有趣。我問他是私生子以外還有別的什麼風流帳嗎，他說就是私生子的事。原來燕妮出身小貴族之家，她和馬克思結婚後，母親把身邊的婢女 Lenchen Demuth 送給女兒做伴。幾年後 Lenchen 和馬克思生了一個私生子，即 Frederick Demuth，從母姓。這件事在馬克思身前身後都瞞得很緊，恩格斯特別幫忙，不惜自己代友人受過，但最後仍然洩漏了出來。這在西方早已是公開的秘密，英國伯林（Isaiah Berlin）的《馬克思傳》早就提到。錢先生在牛津和伯林差不多同時，也許讀過他的《馬傳》。但我詫異的是：他為什麼向我特別提到這件事？後來我得到一個自以為是最合情理的結論，他是借此故事向海外的訪客表明：他從來沒有奉馬克思作聖人，也不信仰馬克思主義。回美之後，我有一次和史華慈先生聊天，提及這件趣事，他也大笑，並且同意我的分析：錢鍾書不是炫耀淵博，而是對他自己的獨立精神正式表態。

陳：我想錢先生當時地位也比較特殊，因為翻譯《毛選》，我想別人奈何他不得的。

余：這個具體的也不知道了。他來美國的時候，在我的車上，我還曾經問過他這一點，我說：「外界傳說您和毛的關係很深。」他說不是那麼回事，他翻譯《毛選》也沒做什麼事，只是別人翻譯的，他來看看。後來楊絳也寫過這方面的事，曾經提到當時翻譯《毛選》就碰到過難題，毛澤東說「孫悟空鑽進牛魔王的肚子裡」，那當然是說錯了，應該是「鐵扇公主的肚子裡」。但是，偉大領袖怎麼能說錯話呢！誰敢改呢？可不改又不行，後來還是請毛改了。錢先生自己說他只校閱，未參與譯事，翻譯的另有其人。當然，譯《毛選》應該會起一些保護作用的。不過，錢先生也不是完全沒有危險，《宋詩選注》就差一點兒被批嘛！很多人已經寫文章開始圍攻了。後來還是小川環樹和何其芳幫了忙。小川環樹對《宋詩選注》很佩服，何其芳也很佩服，還請夏承燾幫忙寫了稱揚的文章，才躲過了一劫。我記得我還跟錢先生提到過，胡適看了他的《宋詩選注》以後，曾經說這本書詩選得並不太好，但注釋都很好。胡適基本上是說錢鍾書是天才。

陳：俞平伯先生那個時候跟您談《紅樓夢》，他那個時候已經不用擔心了。

余：那個時候已經沒有問題了。因為讀了我的《紅樓夢的兩個世界》的關係，他對我引及台灣杜世傑講的猜謎紅學還特別有興趣。我當時手頭有一本，還送給了他。那本書說《紅樓夢》是吳梅村（偉業）做的。

在《紅樓夢》裡面也找了些證據，搞來搞去，什麼「吳」啊、「梅」啊、「村」啊之類的，拼湊起來[1]。俞先生對這本書很有興趣，因為他本人也是反對自傳說的。

陳： 俞先生可是在《紅樓夢》上吃了苦頭的，我記得聽陳毓羆先生說起過：俞先生下幹校的時候，遭到農民的批鬥。農民說：「你這個反動分子，竟敢反對偉大領袖毛主席。」俞說：「不敢！」老鄉說：「你還有什麼不敢的，你居然寫了本《紅樓夢》反對毛主席！」俞連忙說：「不敢不敢！」

余： 俞平伯校訂《紅樓夢》，其中有十回是請錢鍾書提意見的。錢提出了無數條建議，好像只有一小部分被接受，其餘未被理睬。這是記在錢的《錢鍾書手稿集》中的，也有人寫過文章，批評俞平伯先生未能納善，可見學問不及錢。錢手稿中確有微詞，不過沒有那麼露骨。我總覺得，從手稿中找材料，罵盡所有人，對錢先生很不利，讓人覺得錢太目中無人。錢先生自負則有之，但很有分寸。經「錢學專家」火上加油，便完全走樣了。這對錢不很公平。

陳： 是有人提倡「錢學」，好像還有「錢學」研究機構之類的。現在總有人

1 杜世傑，《紅樓夢原理》（台中：撰者印行，一九七二）。杜據《紅樓夢》中以及甲戌本眉批中「吳玉峰題」、「東魯孔梅溪題」、「其弟棠村序」諸語中「吳」、「梅」、「村」三字，又引其他資料，證《紅樓夢》為吳梅村作。

提出這個學那個學的，也不太講什麼學理，大約總是想當開山祖師之類的。

余：聽說有關於「錢學」的專門刊物，不過我未見過。我所看到的「錢學」文字，有時似流露出一種「個人崇拜」，特別是強調錢先生於書無所不讀，過目不忘，自古及今，無人能及。所謂「博聞強記」和「背誦如流」在傳統中國很受重視，使一般人驚為「天人」。但這種記誦能力，人各不同。古今中外，記憶力平常而學有大成的，也不計其數。這個道理章學誠講得最透徹，即所謂「人之才質，萬變不同」。所以人當各自發現性情所近，選擇專業。沒有特殊記性的人，不必勉強去學記憶，那便是畫虎不成了。愛因斯坦說：凡是百科全書上查得到的知識我都不記在心上，免得把腦子占滿了。這在西方也是一種很流行的看法。一般而言，對於具有如照相機式的記誦能力的人，我們都很羨慕，但卻引不起敬佩之感，因為這是天生的才能，不是後天努力的成就。錢鍾書先生卻另具一格；他的記性和悟性都超乎常人，但更難得的是他從幼年起便全力以赴，運用先天稟賦以追求百科全書式人文知識。我們讀《談藝錄》和《管錐編》，不能不佩服他讀書既博且精。現在我們又看到他的

《手稿集》，知道他寫筆記之勤且詳，對他何以能博聞強記，便絲毫不感到詫異了。他治學是採取一本一本的書，循誦而下，不但心到而且手到，記誦之廣，奠基在此。但最值得我們敬重的不是他的天生才能，而是他的精進不懈。他以讀書為宗教，一生造次必於是，顛沛必於是。他有「書痴」之號，其實即是「讀書教」教徒的另一種稱呼。他的「讀書」的方式也和他的天才是互相配合的，別人也無法學他。在這一讀書方式下，他自然而然地將許多大大小小的資訊儲藏在腦中，就像今天的電腦一樣。資訊如此之多，無論下筆或說話，不知不覺地便要引書中之言。他以筆記的方式來組織自己辛勤得來的資訊，以個別作者或文本為主體，也是必然的了。讀書多而記憶強確是他的特色，在接談之頃尤其能發生震懾對方的作用。但換一個方向看，這個特色或特長也可以成為他精神上的負擔。

陳：這個話我是第一次聽說，好像沒有人講過。

余：我的意思是說：錢先生記誦的資訊或知識過多，遇到機會便不自覺地湧溢出來；他並不是故意要把同座的人比下去，但給人的印象卻是「露才揚己」，有心壓倒別人。

陳：我也聽到過一些事情，如錢先生去美國的時候，和費孝通等幾位回答下面聽眾的提問。錢先生一般都是先回答，後來有人問費孝通問題的時候，他就說：讓錢先生回答吧，他懂得多。

余：錢先生心直口快，有時談到與學問無關的事情，他為正義感（西方所謂sense of justice）所驅使，也會忍不住要說實話。我記得在我家聚會的一次，他當眾對吳晗、馮友蘭等人都有坦率的評論，而且是外面的人不清楚的。

陳：何兆武先生寫的《上學記》好像對馮友蘭先生也頗有微詞，主要是說他仰望權貴。

余：馮先生受到的責難已太多了，我不想再強調這一方面。為什麼大家對他的責備特別苛刻呢？我想這和他提倡的哲學有密切關係。他在《新原人》中把人生分為四種境界，由下而上：一、自然，二、功利，三、道德，四、天地。他以「天地境界」自許，但五〇年代以後他的實際表現似乎在「自然境界」和「功利境界」之間。因此八〇年代之後，大家對他便紛紛議論了。這是因為大家用較高的標準去要求他在實踐中有超乎流俗以上的表現。他自己在〈三松堂自序〉中也承認「有譁眾取寵之心，不是立其誠，而是立其偽」，可以不必深究了。何兆武先生說馮先生「仰望權貴」，一般意見也是如此。不過我要為他開脫一下。我認為他的思想最深處，始終離不開向「帝王」進言的意識，只要讀一讀《新事論》中〈應帝王〉一章即可知。他不敢以柏拉圖的「哲學王」自任，他的中國背景使他只想做「王者師」，或至少做政治領袖的高級顧問之類。四〇年代中，他對蔣介石曾有此期待，不過〈三松堂自序〉中故意醜化蔣，把真相完全掩飾了。但我們仍可從他在〈自序〉中對毛的態度看得很清楚。一九四九年他上書自效，卻得到「總以採取老實態度為宜」的答覆，雖心中「有一點反感」，得到御札則引為無上光寵。一九五七年招宴中南海，不幸未得機會與毛多說話。毛送客人出大門，人人都去了，只有他站在車門旁不捨得走，有所期待。衛士提醒毛，「還有一個客人」，毛轉頭招手告別。顯然使他失望。以後毛有兩次「拉手」談話的親切場面，再加上劉少奇和周恩來也從旁湊興，誇獎一二語，他簡直喜不自勝，又寫詩，又寫對聯。我認為這都是向帝王進言的潛意識從中作祟，不過境界確實未超出「功利」之上而已。

陳：馮先生您熟悉嗎？

余：一九八二年夏天，夏威夷東西中心開了一個為期十天以上的「朱熹國際會議」，馮先生是大陸代表團的一員。這十天中我常有機會和他接觸並談天，主要是因大陸其他與會者都不太和他接近，避之唯恐不及。後來在另一美國會議上，我和哥倫比亞大學的狄百瑞（Theodore de Bary）偶然談起哥大也許可以贈馮先生一個名譽學位。狄百瑞認真考慮了這個提議，最後決定在一九八二年九月間頒榮譽博士學位給他。我也因此受邀觀禮。晚宴時坐在馮先生旁邊，交談較多。由於這些近距離聚談，我對他稍稍有點了解。

陳：在八〇年代末的時候，我和北大歷史系的一同學曾經嘗試翻譯過狄百瑞先生的一部著作《道學與心學》，當時沒能出版，現在可惜稿子都不知道到哪裡去了。我聽哥倫比亞大學的李峰教授說，狄到現在還在教書，他已經九十多歲了！

余：是的。狄百瑞是虔誠的基督徒，一生奉獻給教育。那是真的。他有一種信念，倒不是為名為利什麼的。

陳：一九七八年那次，歷史學界您見到哪幾位？

余：當時大陸的史學家我只見了一位，就是唐長孺。在故宮裡面見的面。

陳：怎麼安排在故宮見呢？

余：不曉得為什麼。

陳：我看您的書上講到唐長孺先生的觀點問題。講魏晉史您提到他的觀點，就是門閥制度的經濟基礎是占田制。

余：他有些制度問題講的跟楊聯陞先生是一樣的。楊先生討論《晉書・食貨志》時就提出這個觀點了，他沒看到，他不看英文的著作。所以當時我就問他，參加 Cambridge History 有沒有興趣，他沒什麼興趣[1]。唐先生非常謹慎，不敢說什麼話。

陳：一九七八年，那時好像屬於文化革命剛過去，還沒有完全正常化的狀況下。大家可能都比較謹慎。

余：是的，大家還如驚弓之鳥，都極為謹慎。

陳：錢鍾書先生是不是說話比較自在一點？

余：他似乎比別人都大膽得多，也許是才氣高、學問大，很難藏得住想說的話。

陳：錢先生是屬於才太高，不由得不溢出來。

余：而且他看人家的毛病，早就看得清清楚楚的，所以許多人對他恐怕都不

1 這裡指受杜希德（Denis C. Twitchett）教授委託，詢問唐先生是否有意參加《康橋中國史・魏晉南北朝卷》的撰寫工作。

免忌憚三分。我曾經給他們夫婦寫過詩，前一句說他是「冷眼不饒名下士」，說他冷眼旁觀，一個都不饒。後一句是寫楊絳的，楊絳寫過戲劇的，所以後一句我就說「深心曾託枕中天」，就是講楊絳的[1]。

陳：您什麼時候開始學詩的？

余：在鄉下已經開始了，比較早。我在〈我走過的路〉上說過的，一個老先生談戀愛的時候。他教我們平仄，好玩得很呢！

陳：對，想起來了，您是說老先生喜歡上一個寡婦，在談戀愛的時候，不由得詩興大發。這個特別有趣。您有沒有想過要編一本詩集呢？

余：這個我從來沒有想過，只是隨手寫了以後，就隨手散了，也不知道哪兒去了。過去《中外文學》上有人曾經收集刊載了幾十首。我反正也不是詩人，偶爾寫寫，抒發一下感情而已。

學術與愛國主義

陳：我們在討論問題時，思維邏輯方面常常會犯一些基本的錯誤。比如說，我讀學術論文的時候，看到有兩種錯誤是學者寫學術論文最容易犯的：

1 全詩云：「藝苑詞林第一緣，春泥長護管錐編。淵通世競尊嘉定，慧解人爭說照圓。冷眼不饒名下士，深心曾託枕中天。輶軒過後經秋雨，悵望齊州九點煙。」見余英時，〈我所認識的錢鍾書先生〉。

一個是把必要條件當充分條件，比如說在紅學裡，討論後四十回的作者，學者們的論述有時候看似很有道理，但仔細推敲起來，就發現很多學者都不太嚴密，把必要條件當充分條件。還有就是分類的問題，不少論文在分類的時候沒有注意到，類項之間是不能有重疊的，否則，分類也就失去了意義。您覺得在思維邏輯方面應該注意什麼，應該怎樣訓練自己？

余：如何思考問題是要有基本訓練的。這可以從一些入門的有關邏輯思維的書入手。胡適曾提倡過杜威的《怎樣思想》（*How We Think*），後來美國邏輯大師蒯因（Quine）也和一個學生合寫過《信仰之網》（*The Web of Belief*），其一九七八年修正本更好。此二書都可以使我們避免思維上的矛盾。

陳：我在想是不是眼界和胸襟也很重要？先生講〈怎樣讀中國書〉的時候，強調做學問要虛心，我看清代學者的資料時也常看到他們這樣說。乾嘉學者中，有的更強調「讀書不可有自己之意見」，像錢儀吉。他自己似乎不光這麼說，也是這麼做，一生只是校勘古書。當然校勘之學也是基礎，也相當重要，但是學問之道是否也有境界層次之分？先生對這個問題怎麼看？

余：「讀書不可有自己之意見」，我想不大可能。怎麼能沒有自己的意見呢？

陳：做學問胸襟和眼界也非常重要。比如在討論考據形成的內在理路問題，您有一段話我認為非常精闢：「儘管清儒自覺地排斥宋儒『義理』，卻在不知不覺之中受到儒學內部一種新的義理要求支配。」由是進而談到顧炎武「藏理學於經學」等宗尚，由此來解釋戴震在義理與考據學問之間的張力，真有砉然響然的效果，的確引人深思。我想在討論專門問題的時候，是需要相當的思想與邏輯的訓練，才能高屋建瓴，不至於只見樹木，不見森林，不知道這樣理解是否準確？有的學者非常善於校勘，知識準備也很充分，學問也很淵博，但是如果要讓他完整地論述出來，做成一篇文章就很難。

余：這個要有意識地訓練自己。沒有立體感，看問題就只會從小地方入手，還是要多讀。不能提升出來就不行了，永遠看到的都是小東西。要能觀其大，因為一開始沉浸在訓詁瑣細之中，搞得很多，人的觀點就不容易出來了。因為人只有那麼多精力。

陳：還有一點，我有時候感到，我們做學問經常會與民族感情糾連在一起。

余：這是要提防的東西。

陳：我看錢穆先生有一次就講，祖國是母親，母親再醜你也都不能嫌棄。可以想見錢先生的民族感情比較深。我的一位好友，大學的時候在素書樓聽錢先生講課，他說，錢先生有一次忽然感慨地說，我現在在給一群外國人上課，他的意思是從文化、習俗、禮儀、服裝上，最根本的從內心深處說，中國人的一套都已經沒有了。

余：錢先生從幼年起便關心「中國會不會亡國」的大問題，此念支配了他的一生。他有深度的民族情感是人人皆知的。但他還有很理性的一面，對於西方文化也知其長處。你提到的那些話只是老年人的一時感慨，不足為憑。

陳：我們中國學者有時候見到外國學者寫中國的東西的時候，反應過激。做中國學問，我覺得尤其是我們中國學者往往容易和民族感情糾結在一起，這當然不可避免，但有時是否也會影響我們的判斷？比如說我認識一個日本早稻田大學的學者稻畑耕一郎，他說他在八〇年代初的時候在中國非常有名，因為他寫過一篇文章說屈原是虛構的人物，遭到批判。

我想我們是否應該從學術角度來討論他的說法，也可以從學術研究的角度來否定其說法，而不應該牽扯到民族感情，因為這樣反駁反而無力了？我們很想了解先生對這一類事情的看法。

余： 這個我知道。其實胡適之早就這樣講了，他也說沒有屈原這個人，司馬遷的〈屈原賈生列傳〉是不可信的。他也是提出問題來了，因為屈原我們知道的不多。我想屈原這個人可能是有的，不過已經虛構化了。所以很多中國學者對漢學家一概看不起，是有這個傾向，不過也不能反過來一邊倒地專捧。漢學家還是有他們的缺陷，有他們的限制，因為他們看書到底不能看得那麼多，只能多少鑽一點，但是鑽的時候很投入。在西方他們有他們的訓練，這種學術訓練在漢學上是起著某種作用，可以取得某些成績，那是沒有問題的。他們往往是在一點上或在一個角度上追索。

陳： 對，很多人容易犯攻其一點，不及其餘的毛病。

余： 我們最好放棄過分的民族主義情緒，看看別人說的有沒有道理，有些研究也是很有道理的，是我們看不見的問題。他們從另外的文化角度，有時可以看得見我們熟視無睹的現象。我們看得多了，反而沒有問題了，提不出問題了。這叫旁觀者清嘛！西方旁觀者清這一點也是要承認的。有很多西方的年輕學者也是非常努力的、虛心的。所以這一點可以好好強調一下，對西方漢學不能一味抹殺，他有的限制也要提出。而目前的最大問題除了怎麼做研究以外，是立志的問題。中國以前講讀書要先立志。現在都是職業觀點，沒有為知識而知識。

陳：對。現在都是商品觀念和職業觀點結合起來。我們現在教授等於都是出售知識的人，學生是顧客。

余：把教育和知識商品化了，學生也就沒有了這個志向。現在很少有學生想的是我要深入了解中國文化，別無其他功利想法。不少人就是拿出一些怪論，驚世駭俗，希望能一鳴驚人，現在這種情況太普遍了。我認為這一點是不及「五四」那一代人了，那些人是真想追求知識，對西方知識、中國知識都想追求。

陳：那時候國家危難之際，學生想的是知識救國、科學救國，這種觀念比較普遍。

余：由於不了解外國，所以我們到處都碰壁。現在還有這個問題，好像認為我們經濟發達了，就可以為所欲為的樣子，實際上完全不了解外國。以為用從前的方式就可以應對，這樣長期下去是要吃大虧的。政客對知識不尊重，把學者不當一回事，這在近現代中國也是有傳統的，但願對知識分子輕視這種思想不要「薪火相傳」。政客和政黨都以為思想上是他們最高了，別人怎樣說都不會比他們高明，這是一個很大的問題。美國社會裡，即使是總統，如甘迺迪、歐巴馬，也是充分尊重專家的。他自己不會、也不敢亂做主的。一九四九年前，大學校長是極受尊敬的，如蔡元培、胡適等人任北大校長，地位和聲望甚至在國家元首之上。

陳：解放初我們的教授級別是和行政級別連在一起，相對應的。一個正教授相當於一個局級幹部，副教授相當於一個處級幹部。也難怪局長處長們不必把教授放在眼裡，有的忽然心血來潮，對知識出現莫名憧憬的時候，就到某個學校去弄個博士、教授的頭銜，這不是尊重知識，是對知識的侮辱。

余：現在教授的地位很低嘛。

陳：最可怕的是學者為了官方喜惡，也跟著做起「諛時」的學問。這在五〇到七〇年代最為露骨和氾濫，八九〇年代好了許多，近十年來又開始沉渣泛起，只不過比以前諛得更高明，更為隱蔽，多了些學理作幌子。

取法乎上

余：我想我要強調的就是，要知道怎麼念書，那就是得「取法乎上」，讀精品，找學者公認的經典好好揣摩。不是講內容，你不必記文藝復興的內容，但要了解文藝復興研究的開山祖師布克哈特是怎樣把這個模式建立起來的。他是有立體感的，講藝術、國家、個人主義、個人的覺醒，跟中古有什麼大不同，這些端倪都是他先看出來的，他先指出來的。他指出來以後，慢慢人們會發現，有的地方說過了，有些地方還不及，研究不夠，受到人家攻擊，或者修改。那也沒有關係，大綱大目是他提舉出來的。這樣你就慢慢得到讀書的辦法了。學習西方古典，有一個人叫Werner Jaeger，也是德國人，是哈佛大學從德國請來的教授，他寫了一本書原來是德文的，叫《希臘文化的理想》（*Paideia: The Ideals of Greek Culture*）[1]。"Paideia"，是希臘文「教養」的意思，副標題是"The Ideals of Greek Culture"。這三大本是了不起的著作，把希臘的文化、語言的變化、柏拉圖的作用等等的關係種種都做了一個很深入的了解，很清楚的解釋。這部書我是很從中得益的，我都作了詳細的批註。這是學者公認

1

德文原著：Werner Wiehelm Jaeger（1888-1961）, *Paideia: Die Formung Des Griechischen Menschen*, Berlin und Leipzig: W. de Gruyter & Co., 1934-1947；英文版見 Gilbert Highet, trans. *Paideia: The Ideals of Greek Culture*, Cambridge: Harvard University Press, 1986.

的最好的古典學家。

陳：但是您後來也不限於古典了，我看您討論的問題也涉及思想史、哲學史、社會學這些領域。

余：因為歷史是一門綜合性的學問，必須要與社會科學、西方古典都要有點聯繫的，所以只要跟我研究題目有關的都要念幾本書。有些著作，在我的書目上面是看不見的，我不能直接把它用過來，但很多是參考過的。這就是要靠平時積累的功夫。我在哈佛最早幾年念的羅馬史、西方政治思想史、中古、上古、文藝復興、歷史哲學都是跟中國沒關係的，這些我都上過課，對西方有個大體上的了解。這個不是那麼容易。所以我覺得最好的、最直接的辦法還是找最好的書來念，念得很仔細，念完了再看一遍大體，擇其綱要。這對中國史的研究也有觸類旁通的作用，至少可以做個比較。沒有比較就不好說什麼，跟他有什麼不同或者有什麼相同，這裡面就有意思了。所以今天講歷史，不能沒有比較的背景。比較文化史、比較哲學，這樣才能把中國特色講出來。此外，我還可以提一個有關文藝復興研究的大家，Johan Huizinga，他是荷蘭人，一九四五年才去世。他寫過一本《中古之秋》（*The Autumn of the Middle Age*）[1]，

1 Johan Huizinga 的荷蘭文原書名：*Herfsttij der Middeleeuwen*，1919年第一版。最早的英譯版見：*The Waning of the Middle Ages*（London: Edward Arnold & Co., 1924），其後出的英譯本題為：*The Autumn of the Middle Age*（Chicago: University of Chicago Press, 2004）.

講中古怎麼衰亡，文藝復興怎麼出現，他特別強調中古的變化、中古的衰微這一方面，主要是從十四、十五世紀的文化、藝術、文學的角度來講述分析，生動極了。這書已經在西方英文翻譯了兩版了，第一次翻得不是很好，最近有新譯本，更符合原文。這本書要細細看就知道怎麼樣寫學術著作，社會史、生活史、藝術史、人的死亡觀念和人的生活的觀念，這書可以說早已被大家公認為經典的作品。讀者消化了以後，對研究文化、思想都有很大幫助。還有一點就是看他怎麼運用史料，然後從這些史料中得出結論，argument（論辯）的邏輯怎麼發展，在這個地方得到真正的訓練，這比讀歷史方法論好得多，有效得多。抽象的東西有時候用不上的。你要研究中國，就要了解某一個時期在西方、或者說對人類而言是共有的問題，有些是西方特有的問題，中國就沒有，有的是中國有的而西方沒有，這樣你就可以看出來了。中國研究的眼界就打開了很多。現在研究歷史沒有不跟其他文化作比較的，而且我講的西方還不夠呢，只是一部分，還有伊斯蘭的、近東的、印度的、古代以色列的這幾個大文明，如果多一點比較資料，研究中國會有開眼界的作用。

陳：所以我覺得讀歷史系在美國是最漫長的。在美國有一個統計數字說，歷史系的博士學位平均十一年半才能拿到，似乎沒有什麼快捷方式。即使拿到了博士學位，也不好找工作。

余：因為歷史涉及的東西太多了，我們要鼓勵青年人讀好書，不是任意找一本書，而是老師推薦的。而且要看他這本書是怎麼寫成的，從這方面注意。不光是說他講了些什麼主張，這事是次要的。要看他怎麼樣得到這些結果的，這樣你就能學到針法，金針就在這裡面。就不是鴛鴦繡好了才拿出來給人看，光看鴛鴦是看不出什麼名堂來的。這是我認為感觸比較深的經驗。

陳：您說的這些對於年輕學者很有幫助。

余：我想強調為知識而知識，要立志。要想我這一生不能浪費掉，不是搞一個虛名，那個根本站不住。做學問不是吹肥皂泡，五色斑斕，這是沒有用的，一戳就破。現在太功利了，要求多少論文，在哪裡發表，多少本書等等。

陳：是啊！現在考核研究成績都量化了，這個有很多問題。

西方漢學與疑古問題

余：這是我想特別強調的。你還有一個講到劍橋中國史的問題，是吧？

陳：西方人講中國史是從商代開始講起，他們認為有文字直接記載的才能稱之為信史。魯惟一（Michael Loewe）、夏含夷（Edward L. Shaughnessy）編的《劍橋中國古代史》（*The Cambridge History of Ancient China: From the Origins of the Civilization to 221 B.C.*），基德煒（David Keitley）負責寫商代部分，他就把商算作是中國第一個朝代。夏含夷說是武丁時期才開始有文字記載，這才是文明的開始，中國學界一般都是不接受這個觀點的，考古學界尤其是不接受，一致認為夏代是確實存在的，三代從夏朝開始肯定是沒問題的，文明是從夏朝開始的。所以他們有分歧。我想不管我們同意不同意，因為是西方學者從他們的視角所做的研究，我們是否也應該嚴肅對待？

余：西方學者是根據一百多年來建立的觀念，就是有文字記載的才叫 written history（文字記述的歷史），而沒有文字記載的叫 prehistory。夏代沒有文字的直接證明，只能是從商朝的文字推斷出來，大概存在，因為商代替了夏朝，但是到現在為止我們還沒找到直接的文字證據。

陳：現在最直接的文字證據就是司馬遷的《史記．夏本紀》和《竹書紀年》。

余：我記得從前好像陳夢家就提出一個想法，夏的世系都是仿照商的世系來的。我們現在還沒找到夏朝有文字記載的證據，像鄭州二里頭都有人推斷是夏，孔子也說「殷禮吾能言之，夏禮吾能言之」，這都是很確定的，中國人自孔子以來，甚至於孔子以前都相信有夏朝。我們都相信夏朝是存在的，但是沒有辦法證實它。所以他說商朝是中國第一個文字記載的朝代，並不是說商以前中國什麼都沒有，一片蠻荒，而是說中國有文字的歷史只能從殷商開始。

陳：我覺得這樣比較實事求是一些。「夏」朝是否存在的問題，或者說商朝之前的那個朝代是否叫「夏」的問題，其實是可以嚴肅地提出的。但你如果提出來似乎成了笑話，如果再堅持就涉及民族感情，或者會上升到是否愛國的高度了。我覺得我們應該是一個自信的民族，而真正自信的民族應該有包容，有肚量。

余：我也是這樣想，我不敢說夏朝有或沒有，夏朝是怎麼樣一個情況，不知道。

陳：因為考古上只能證明商之前確實有更早的青銅文化，就是在商文化的地層之下，可是它是不是叫夏朝就不知道了。

余：還是沒法證明它。我們只是證實了，殷商的存在沒有問題了。夏大概是存在的，教學生時也可以這麼說。傅斯年也講「夷夏東西」，認為夏在西邊，商在東邊，實際上講為殷，所以夏朝是有這麼一個東西，至少這個名字很普遍。到現在我們還等地下發掘來證實它，不過我們還是要等等，看看能不能證實它有文字。我想不要讓民族情緒發生作用。

陳：對。特別是他們還是比較嚴肅地做研究。是不是我們也要有一些區分啊？比如說以前日本的白鳥庫吉，他們是有一些政治背景的，是吧？

余：當然，他說否定某些東西，都有一些意識型態在裡面。意識型態是甩不掉的，任何人都有。西方的學者也有，不過可能沒有那麼明顯。所以我們在這裡要有一個很重要的自覺，盡量不要讓意識型態影響我們的判斷。如果影響判斷，那這個史學家就不夠格了。如果別人經過分析，幫你指出來，那你就得承認，再重新考慮。所以說一個人完全沒有偏見是不大可能的，因為你不能把腦子洗得乾乾淨淨的，但是要盡量保持客觀、開放，別人有很好的證據我就放棄我的說法。不要一句話說了以後拚命維護，這是一個很多人都犯的毛病。如果說我的一個觀點是藉以成名的，這個觀點不成立，就什麼都沒有了，所以要維護，那麼這就是從個人立場去考慮問題，不是從知識立場去考慮問題了。你個人的錯誤丟掉那有什麼稀奇呢？而且如果是錯誤的，保也保不住。許多東西不存在就是不存在，你回不去原來那種狀態了。像近年以來，中國學者搞一個三代工程，這就變成他們的一個負擔了。我們承認有個三代，可是夏代還沒證實，應該這樣說，還沒有文字可以證實它，《殷本紀》、《夏本紀》這些也有問題。像錢穆先生在《國史大綱》上講的，傳統的關於夏的年代的說法是錯誤的，而另外有一個以前認為是錯誤的年代是四百多年的反而可信。他也不敢堅持說夏一定是如何如何，那些人物是不是存在，叫什麼名字，這都不敢確定的。

陳：錢先生我覺得他有時候膽子也挺大，他說莊子在老子之前，那個影響很大。

余：是影響很大，不過這種說法很難成為定論。莊在老前，過去也不是完全沒有人講過。現在說老子一定在莊子前面，也找不出什麼證據來。說老子在後面，「五四」以後像顧頡剛、傅斯年、梁啓超都有這樣的說法。錢先生特殊之處就是把他放在莊子的後頭了，但他也不是說在所有《莊子》之後，而是《莊子．內篇》，不包括《莊子》的〈外〉、〈雜〉篇，《莊子》內篇也有竄入了。他有他的理由，但也不能百分之百地證實。即使今天叫我們下個斷語，我們也不敢下。梁啓超說的那些《老子》裡的「上將軍」、「下將軍」之類的，明明是戰國的名詞，所以由此斷定《老子》是戰國時的作品。所以這些東西只能說是存疑。「存疑」並不等於疑古，我們不要把它推到極端。像現代人特別強調不要疑古了，這個也太過頭了。像李學勤先生的提法，不能因為發現幾本書就以為能組成一個時代，那些書的年代還是很遲的。

陳：我幾年前參加一個中國上古史的會議，在會議上見到李先生，當時裘錫圭先生也在。說起《走出疑古時代》這本書，李先生就跟裘先生說：「走出疑古時代」這個書名並不是他起的，當時是出版社的編輯跟他說用這個名字會有影響，就用了這個名字。

余：我想過分否定的心態和過於保守的心態，都是有問題的。不管是疑古，還是信古，都是由資料和研究的結果來決定的，而不應該設什麼前提先決定疑古或者信古，根本不存在這個問題。

陳：我想您是說不能先立自己一個意見，一個立場。

余：先橫一個意見說我要疑，我要信，那就有問題了，你憑什麼要疑要信呢？如果文獻記載有衝突，那我們就要解決衝突，解決這個問題。不是立意要摧毀什麼，也不是要造就什麼。我們看到不同的有矛盾衝突的材料，文字材料和考古材料放在一起，想不通了，要找個辦法，看能不能找一個最近情理的說法，各種材料都安頓好。如果有新的考古材料的出現，那我們又要修改。學術永遠是一個開放的東西。我認為要緊的是開放不是封閉。你要一開始信了就是封閉了，你要無所謂信，無所謂疑，展開這些材料想想怎麼解釋它，最好是面面俱到，把矛盾的點減少到最小限度，這是很重要的問題。就是不可能沒有矛盾，生活本來就不是邏輯的東西，所以怎麼樣把這些一個時段的材料在某一點上處理好，處理得最近情理，那就是當時可以接受的一個結論。但是這個結論也是開放的，還得繼續討論，有一些新材料出現還得修改。所以無所謂信古疑古，當初叫疑古已經就不對了。是錢玄同太激烈了。

陳：說到這個材料的運用，做研究的時候常常會碰到對自己的 argument 不利的材料。我想一個真正比較誠實的學者，不會躲開這些證據，會拿來處理，修訂自己的結論。

余： 做學問最重要的一點就是忠實於資料。比方說你很喜歡一個說法，但是所有的材料都指向相反的方向，那你就必須放棄。這是很重要的一點。這樣就不會說我自己已經說過一個說法，得到別人稱許，我就堅持到底。顧頡剛後來也不再談什麼「禹是大蟲」之類的，本來也是沒什麼根據的。就是因為疑古剛好疑到那一點上，忍不住了。所以我是覺得沒有必要維護一個學說，學說如與事實不符，只能改學說，不能改事實啊。這是最簡單的一個道理。

陳： 最近這些年有學者研究說顧頡剛是受錢玄同的影響。而錢玄同是直接從日本白鳥庫吉、內藤湖南那兒轉借過來的。所謂「堯舜禹抹殺論」直接給了「疑古玄同」和顧頡剛先生比較大的啓發。

余： 這話恐怕又沒什麼證據。你怎麼證明呢？錢玄同研究的東西和白鳥庫吉相差很遠，我不相信他好好看過白鳥庫吉這些東西。錢玄同本身就是比較激進型的學者。如果說他疑古受誰的影響比較多的話，我倒相信他是受康有為的影響比較多。

陳：他不是章太炎的學生嗎？章太炎可是一直和康有為誓不兩立的。

余：他背叛了章太炎。章太炎不是不喜歡他嘛，後來就不把他當自己的學生了。黃侃最討厭他。錢玄同後來遙拜崔適做老師。崔適就是疑古的今文派嘛。所以後來他跟顧頡剛說今文派、古文派好像都是虛無的。就跟《聊齋》上說一個狐一個鬼，狐說對方是鬼，鬼說對方是狐，顧頡剛說我都信。那就是虛無主義了嘛。所以我是覺得說他是白鳥庫吉我不大相信。白鳥庫吉是西方實證主義（Positivism）的觀點，錢玄同又不是實證主義派。除非有證據，如果有確鑿的證據，我就放棄我現在的說法。不能光是推測，你怎麼證明錢玄同到底念沒念過白鳥庫吉的東西？

陳：清華大學的廖名春教授去查了北大圖書館，發現北大圖書館的白鳥庫吉書的借書卡上還有顧頡剛先生的簽名。

余：但是也不能證明錢玄同也借過。

陳：對，這點就不清楚了，還需要再進一步研究。在您所做的這些研究課題中，您自己最滿意的是哪個？或者說您認為最解決問題的課題是什麼呢？您的整體研究是不是有某種重心？

余：我對於自己的著作，沒有一部可稱之為「最滿意的」。在研究和撰寫過程中我一向很認真、很負責，但出版以後便越來越感到有很多應改進的地方。在專書之中（不包括論文集），《朱熹的歷史世界》是我用力最多、用時最久的一部，先後大概有四、五年時間集中精神在它的上面。這本書處理的是有宋一代的重大歷史發展，上篇投射面極廣，涉及問題極多，下篇則相當於專題研究（monograph），清理了南宋皇權、理學型士大夫和官僚集團三者之間交互影響和錯綜複雜的關係，對慶元黨禁之謎提出了理解的途徑。

宋代以來中國的「士」階層不但是文化主體，而且也明目張膽地展開了作為政治主體的奮鬥。我認為這是中國史上一個重大的變動。我曾指出：中國社會、文化、思想、政治、經濟各方面發生過重大變革的，以下面四個時期最值得注意，即春秋戰國之際、漢晉之際、唐宋之際、明清之際，可以說是中國歷史上的轉型期。我對這四大轉型期都分別作過比較深入的探討。例如上面提到的《朱熹的歷史世界》即屬於唐宋之際的轉型。又如《中國近世宗教倫理與商人》則屬於明清之際。總之，借用司馬遷的話，我可以說：我的研究重心是放在「通古今之變」上面。

我認為南宋那個時期有一個以理學家為核心的政治集團，表面上他們反對王安石變革的方法，而實際上，他們繼承了王安石以來的改革要求，要找到合理的變革方法，他們發現理學的問題不只是思想史上的問題。南宋的理學家集團事實上是一個要求改革的政治集團。我最近還寫了一篇關天人之際的東西，也是比較著重看變化。唐朝宋朝那些盛世，不用說了，做的人很多；而我是關心兩個時代之間的歷史變化和社會轉型。這不光是南宋了，從春秋戰國時期，到魏晉，到明末，到乾嘉時期，再到現代，我所關注的主要是這些產生劇變的時期。用司馬遷的話來說，就是想怎麼樣來「通古今之變」，這種兩個時代之間的變化往往影響深遠，會影響多少年之後。這是我研究關注的重點。我不是隨意抓一個題目來講，也不限於某一個方面，政治、社會、文化等方面都比較關注。越是變化多的時期、轉變的幅度比較大的時期，越值得去深入地研究。比如說商人的興起、資本主義在中國的萌芽等等問題，在當時社會上是非常重大的變化。我想從這些不同時期的歷史變化點來考察，由此可以更清楚地來看整個中國兩千多年來的變化。

陳：我也注意到您關注的焦點總是在歷史的轉折時期和變化時期。但另外，是不是您對知識分子的問題也特別關注。比如漢魏之間士大夫從群體秩序轉向個體自由的發展；宋代的士大夫強調與皇權「同治天下」；明清士商互動和陽明學的「覺民行道」。同時您對現代知識分子的轉變也提出了一些重要的看法。

余：你的觀察很準確，我的確是特別注重中國傳統中「士」的地位和功能。我們知道「士」或「士大夫」在現代討論中受盡了責罵，認為這是「保守」甚至「反動」的力量，一心一意要維持一個穩定的秩序，專幫皇權的忙，幫「地主階級」的忙。我當然知道「士」或「士大夫」有「保守」和求安定的一面，而且這已成為他們的「公共形象」，很難抹去了。但是在我的研究中，我只看「士」的另一面：即「士」同時又是文化價值的保衛者，他們把這一價值系統稱之為「道」，對社會、政治上一切不合理、不公平的事他們往往不顧個人利害，起而攻擊，永遠希望變「天下無道」為「天下有道」。從這一角度看，「士」則是中國史上的一股正面的動力，推動社會向前進。不錯，這樣的「士」總是少數，但卻是孟子所謂「豪傑之士」（「待文王而後興者，凡民也；若夫豪傑之士，雖無文王猶興」）。中國史上的正面變動往往有「士」的參與甚至倡導。攻擊「豪傑兼併」的，為「貧無立錐之地」的農民爭取耕地權的，都來自有社會良知的「士」，自漢已然。

十九世紀、二十世紀上半葉，為中國尋求新秩序的人，仍然來自受過傳統薰陶的「士」的階層。清末改良派的康有為、梁啟超，和革命派的章炳麟都是明顯的例子。孫中山也十分尊重中國文化傳統。所以我研究「古今之變」便不能不首先重視「變」的原動力——這即是「士」。在科舉廢除後，「士」終於變成了現代的「知識人」（intellectual）。

為了文化與社會的重建（劉夢溪訪談）

關於錢穆與新儒家

劉：您的〈錢穆與新儒家〉一文，我看得很仔細，前後看了三遍，為的是能準確地寫內容提要。文章刊載在《中國文化》第六期上，香港版已經出來了，大陸三聯版還要一些時間。我揣想您這篇文章，開始時並沒有計畫寫這麼大規模，而是寫著寫著，不能自已，圍繞這個問題的所有觀點便傾瀉而出了。

余：也可以這麼說。錢穆先生逝世以後，台灣、香港、大陸刊出了許多紀念文章。我也寫了兩篇悼念文字，一是〈猶記風吹水上鱗〉，發表在台北的《中國時報》，另一篇是〈一生為故國招魂〉，發表在《聯合報》。但這兩篇文章都有所局限，前者是一篇雜憶，主要記述在香港時期我和錢先生的師生之誼；後者雖然意在說明他的學術精神，也只是簡單勾勒他的民族文化意識的根結，沒有對錢先生的學術思想作深入的闡發。在這種情況下，我寫了〈錢穆與新儒家〉一文，當然是有所為而寫的。作為錢先生的學生，我不能看到對錢先生的曲解而置若罔聞。

劉：可是您寫起來就不以澄清問題為限了，我相信這是您近年最重要的文章之一，似乎是第一次系統表述您對新儒家的看法，因此學術界非常重視。我來美之前接到好多電話，問第六期《中國文化》何時出來。我注意到，您雖然不贊同把錢穆先生置於新儒家的旗幟之下，但您對中國的儒家思想和儒學傳統並沒有任何輕忽，甚至對錢穆先生的儒學態度和儒學關懷，也給與了相當高的評價。

余：是的，在中國歷史上，沒有任何其他思想像儒家思想這樣，能夠維持得這麼長久，延續了兩千多年，成為中國人的基本價值系統。在做人方面，我最同情儒家了。今天全面恢復儒學做不到，但基本道德，離開儒學其他思想不能代替。比如說，作為一個人，怎麼能不講信義呢？基督教不能代替儒家思想。事實上，我們也不可能把基督教思想完全搬過來。儒學的關鍵在做，不做沒有用。中國沒有傳教士，過去做地方官的，一面管理行政事務，一面傳教佈道，而且是在沒有人指令要他做的情況下，本人自覺自願做的。要說政教合一，這種合一並沒有什麼不好。錢穆先生的儒學觀有兩個層次：一個是歷史事實的層次，一個是信仰的層次。就後者而言，可以說儒家是他終身遵奉的人生信仰，始終堅信儒家價值系統對社會對個人都有潛移默化的積極功能。這一點，我在文章中作了比較詳盡的論述。但錢穆先生絕不是新儒家，又必須加以澄清。我認為把新儒家的名號加在錢先生身上，並不是褒揚錢先生，而是局限了錢先生。所以我在文章一開始特別提出學術與門戶以及學問的宗主問題。

劉：這就不僅是為錢先生辯了，而且提出了學術史的大問題。我個人是最不贊成學術研究有門戶之見的。我認為學派可以有，家法也可以有，就是不應該有門戶之見。一涉及門戶，難免有人為的因素摻入，也就在學問中摻進了私心。而學術領域最容不得私心。《中國文化》創刊，我特地在發刊詞中申明「文化比政治更永久，學術乃天下之公器」的辦刊宗旨。章學誠的《文史通義》有「言公」篇，道理講得很透闢。特別是站在史學立場上的學者，一般都反對用門戶來自限和限人。

余：是這樣。錢穆先生的史學立場很鮮明，《國史大綱》、《秦漢史》、《史記地名考》等史部範圍內的著作不必說，像《中國近三百年學術史》、《先秦諸子繫年》、《論語新解》、《莊子纂箋》、《朱子新學案》等子部著述，也貫穿著史學精神。史學家面對的是客觀世界，歷史陳跡是客觀的東西，如何再現歷史事實的真相，在歷史陳跡中發現歷史精神，已傷透了歷史家的腦筋，他們沒有時間也沒有心緒去建立門戶的壁壘。這是一個方面。另一方面，錢先生是浩博寬豁的通儒，不是在牛角尖裡作文章的酸腐書生，這也使他從來與門戶無緣。但治學不立門戶，卻不能沒有宗主。錢先生治學的宗主，我認為就是立志抉發中國歷史和文化的主要精神及其現代意義，這一精神貫穿於他的全部著述之中。

劉：您在文章中講錢穆先生的學問宗主一節，提到了陳寅恪和湯用彤兩位先生，是不是您認為錢、陳、湯三人的學問宗主是一樣的？

余：如果不是完全一樣，也有重要的共同之處。至少他們的學術路向與當時的主流派是相背的。另外，他們都不宗主一家。陳寅恪宗主哪一家呢？國內學術界這一家那一派之間的筆墨官司固然為他所看輕，外國的互為畛域的學術紛爭他也不放在眼裡。他在歐洲、日本那麼多年，主要為的是兩件事：一是接觸原始資料，二是掌握治學工具，特別是語言工具。

劉：是的，陳寅恪先生的學術自主性非常強。他對外國的東西那樣熟悉，卻一點痕跡都不露出來。甚至會讓人發生錯覺，以為他使用的完全是舊方法。

余：當然不是舊方法。他是舊中有新、似舊彌新。錢先生也是這樣。所以我在文章中引他《國史新論》裡的話：「余之所論每若守舊，而余持論之出發點，則實求維新。」這和陳寅恪的觀點如出一轍。

劉：您對新儒家的評價是否有些偏低？新儒家把文化作為一種信仰，那種誠篤執著的精神，是非常令人感佩的。

余：應該說新儒家是在提倡一種有信仰的文化，在舉世滔滔之時，他把人的精神作了高度肯定，其取徑值得同情，所作所為是另一回事。我在文章結尾部分有一段話講得很明確：「根據我個人的了解，新儒家的主要特色是用一種特製的哲學語言來宣傳一種特殊的信仰。在這個信仰普遍衰微的時代，新儒家如果能發揮一點起信的功用，哪怕僅僅限於三五徒眾，仍然有益於社會秩序。我個人不但不反對，而且十分願意樂觀其成。」這個評價不能算偏低，恐怕已經相當高了。

劉：那麼您對「第三期」儒學的發展前景是不是比較悲觀？

余：我認為「第三期」儒學僅僅是個假說。

學術不允許有特權

余： 講任何問題都不能承認某個人擁有特權。尤其在學術領域裡，在科學面前，更沒有特權的位置。對於某個問題，不能說只有我看到了，別人都看不到。宣稱自己掌握了規律、看到了本質，是荒唐的。科學都不能隨便談，何況規律。一個人如果宣稱自己看到了全部規律，那他就是上帝，他可以洞察萬世。可以有偏好，但不應有特權。比如研究思想史，研究者當然有自己的觀點，但不能脫離開制度史，不能脫離開社會。在知識面前，在學術面前，在認識面前，誰都沒有特權。如果強調一定要「有慧根」，才能躋身某個領域，那就是要確立一部分人在這個領域的特權。這就是要求特權。先儒裡面，孔子平易，不追求特權。孟子的氣勢高人一等，給人以「舍我其誰」的印象，但還說不上要求特權。如果再進一步，從思想的特權發展到社會特權，危害就大了。

劉： 所謂特權，實際上也是企圖把非本體的功能強加給本體，無限制地擴展自己的勢力範圍。一個售貨員，他的分內之事就是把商品賣給顧客，而不需要在賣給顧客商品的同時對顧客進行其他方面的教育。現在在中國大陸，不安心本職工作、喜歡作出位之思的人不在少數，我想這也是膨脹自己，追求分外利益，也就是企圖擁有特權的緣故吧。

余：胡適早就說過，要各盡其職。在今天，就思想而言，我主張寧低勿高。

劉：可是事實相反，很多人喜歡居高臨下。中國內部在受極左思潮擺布的日子裡，流行假、大、空的高調，影響所及，也感染了學術界，包括文風、文體在一定程度上都受到影響。思想的高調尚且無益，學術的高調就更加可憎了。

余：思想和學術的高調，我以為與過分要求思想一致、思想統一有關。思想怎麼能夠統一呢？馮友蘭過去強調「大一統」，翻譯他的書的人站出來反對，說不需要一個統一的思想。社會需要和諧，但不需要整齊劃一。《易經》裡講：「天下同歸而殊途，一致而百慮。」這個思想很好。司馬光也反覆講過這個意思。中國傳統思想是不獨斷的。《論語》平易，不獨斷。「己所不欲，勿施於人。」這個思想太重要了，非常合情合理。

劉：是的，這也就是近取諸身、推己及人的思想。實際上是人道主義觀念最通俗、最深刻、最不具歧義的表述，是可以流播四海、傳之萬世的思想資源。

余：現在念《論語》，人們喜歡摘引「唯女子與小人為難養也」。

劉：孔子這句話是個大判斷，包含有他閱世的經驗之談。有意思的是他對何以「難養」的解釋——「近之則不遜，遠之則怨」。不能說他講得沒有道理。

余：「君子」、「小人」的概念，依我的看法，道德意義高於社會地位。如果看作是單純社會階級地位的劃分，就離開孔子原意了。孔子下判斷，經驗的成分是很大的，好處是他不強加於人。對自己堅持的東西，就說別人不懂，這就是認知上的特權思想。認知特權，對主體是危險的，對客體是有害的。否定的工作是破壞性的工作。否定本身是一種破壞性思維，作為群體的思維定式，在中國是近代衍生出來的。魯迅的長處是深刻。所謂深刻是能夠發現更深在的根源。但光看到壞處，那是尖刻。陳寅恪和魯迅，到底哪個深？純負面的不可能是深刻的。只告知社會是惡，並不能解決問題。

劉：作家與社會的關係與學者對社會的態度是否有所不同？

余：從人文關懷的角度來看，應該是一致的。不同的是關懷的方式。作家情感的成分要多一些，而人文學者、社會科學家，則需要盡量汰除情感。換句話說，作家的主觀性強一些，學者作科學研究則需要客觀。

學術紀律不能違反

余：我講學術不允許有特權，也包含作學問的人一定要遵守學術紀律。

劉：這正是我要請教的。我由於編《中國文化》，與各種年齡層的人文學者都有一定接觸，經常收到各種各樣的稿件，因此對一篇論文以及一部學術著作的寫作過程比較留心。同時我本人也是過來人。我深感在國內學術失範是個很嚴重的問題。這有各方面的原因：一是五〇年代以後，非學術的因素對學術的影響很大，致使到底什麼是學術變得不那麼好鑑定；二是長時期以來正常的學術活動不能無間斷地進行，出現了學術斷層；三是由此產生的中青年一代學人缺乏系統的學術訓練；四是與國際社會進行學術交流還很不夠，等等。學術失範，也就是學術紀律得不到遵守，是阻礙國內學術發展的一個重要原因。

余：的確這是一個重要問題。學術紀律其實是一種治學的通則，誰都不能違反的。大學的基本訓練裡面，掌握學術規則是其中的內容之一。學術規則很多，例如引用資料一定要真實可靠、要重視第一手材料、要尊重前人成果、不能隱瞞證據等等。不過這都是一些具體規則，更重要的是對待學術要有一個科學態度。就史學而言，第一位的是根據翔實可靠的史料建立自己的觀念，這是個前提。

劉：您在美國執教、從事學術研究多年，西方學術界的狀況您非常了解。我很想知道美國漢學界在學術規範方面有哪些特殊的要求？美國漢學與歐洲漢學有什麼不同？

余：西方學術界一般是比較嚴格的，美國也不例外。主要是重視通則。對論文、對著作有一定的要求，不符合要求就通不過。當然由於平時重視訓練，因為不符合學術規則通不過，這種情況並不很多。至於一些研究中國問題的漢學家、以研究中國學術文化為職志的專門學者，學風都是很謹嚴的。這與西方的科學傳統有關。要麼做別的事情，只要進入學術領域，就要按慣常的規則辦，已經成為一種職業習慣了，你不讓他這樣做也辦不到。因此遵守學術紀律就像遵守交通規則一樣，如果僅僅意識到不應違反學術規則，還是初步的，應更進一步，變成一種習慣，想不遵守也不行。

劉：東西方的學術規則是不是也有不同之處？

余：規則、紀律應該是相同的，但學術傳統確有不同。我在〈錢穆與新儒家〉最後一節講「良知的傲慢」和「知性的傲慢」，實際上接觸到了這個問題。科學主義的意識型態傾向於把自然科學置於社會—人文科學之上，是理論的偏頗；而新儒家使道德主義的意識型態得到完善，用回歸主觀的「道體」代替客觀的「真理性」，其結果不是遵守而是在擺脫學術紀律的路上越走越遠。就拿熊十力來說，他對儒家經典的解釋隨意性是很大的。陳寅恪在《馮友蘭中國哲學史審查報告》中有一段話，說：「今日之談中國古代哲學者，大抵即談其今日自身之哲學者也。所著之中國哲學史者，即其今日自身之哲學史者也。其言論愈有條理統系，則去古人學說之真相愈遠。」

劉：這段話主要是批評當時的墨學研究。

余：是的。不過他接下去說的「任何古書古字，絕無依據，亦可隨其一時偶然興會，而為之改移，幾若善博者能呼盧成盧，喝雉成雉之比」，所指就不只是墨學研究了。至少新儒家某些人由於不講究訓詁，他們對古典的態度，與陳先生批評的沒有什麼兩樣。

劉：不過熊十力的思想執著、貫一，也很獨到，有自己的體系，對中國傳統思想的研究是有貢獻的。

余：熊是特立獨行之士，他的價值在己出。

「天人合一」的局限

余：說到這裡，我想對「天人合一」談一點看法。「天人合一」無疑是中國古代的最重要的哲學思想和哲學命題。但「天人合一」在實際上又是不可能的。人能夠創造文化，人與天就分離了。現在思想界有人提倡海德格爾，有否定客體的傾向。我們不能反對科技。反科技，回到原始的「天人合一」，是不明智的。

劉：我想這裡面有兩層意思，一是「天人合一」作為一種哲學思想，一種宇宙觀念，它傾向於不把主體和客體對立起來，這在認識論上是非常有價值的；二是指人的一種修養境界，主要表現的是一種人生理想。馮友蘭在《新原人》中說人的境界有四種，即自然境界、功利境界、道德境界和天地境界，其中以天地境界為最高，理論資源就本諸「天人合一」學說。

余：馮友蘭的天地境界純粹是幻覺。希望回到母體、尋根，這是一種文化要求，合乎學理，順乎人情，沒有什麼不好。何況有往必有復，有進必有退，天理昭彰，原該如此。問題是，中國有時還未及往，就想復。講「天人合一」可以，但不要無往而復，不要走向極端，走到不要科技，不要現代文明。

劉：國內一些談論後現代的文章就潛伏著這種危險，容易造成一種印象，以為後現代既然有那麼多弊病，為什麼還那樣急切地要求實現現代化？是不是可以找到一種方便的途徑，既能夠實現現代化的目標，又可以避免後現代的弊病？

余：不會有這種方便的途徑。我認為這裡有一個敢不敢面對真實世界的問題。一個有勇氣的人文學者，在現實面前絕不採取逃避的態度，就是醜惡，也要面對。事實上，逃也逃不掉，你迴避它，它卻要追趕你。「閉門家中坐，禍打天上來。」躲是躲不掉的。只有敢於面對它，才能超越它。平常心，「頭痛醫頭，腳痛醫腳」，就是最高境界。何必離開眼前的問題，另外幻想「天地境界」，用以安慰自己。

怎樣看「文化中國」的「三個意義世界」

劉： 這次由哈佛東亞語文與文明系和燕京圖書館召開的「文化中國：詮釋與傳播」研討會，提出的問題很多。會後我與杜維明教授作了一次訪談，主要圍繞「文化中國」與儒家傳統，我提出了一些問題，其中也涉及「文化中國」的三個意義世界。您怎樣看「文化中國」及「三個意義世界」的概念區分？

余： 「文化中國」的概念是可以的。基於某種特定情況，它不講政治，也不講經濟，突出文化，希望有高度的精神生活，當然有文化中國。問題是要避免士大夫式的清談。至於「三個意義世界」，我想是有問題的。說中國大陸是「第一意義世界」，但中國大陸在文化問題上存在問題最多。相反，被稱做「第二意義世界」的香港和台灣，對中國文化保護得反而比較好，比大陸還要重視傳統文化。海外為「第三意義世界」，內容待分曉。是指學者的中國文化研究，還是指那裡生活的一部分？外國人研究中國的包不包括在「文化中國」之內？如果包括，那麼中國或日本研究西方文化的是不是也可以算作西方的另一個「意義世界」呢？

劉：現在中國大陸與香港、與台灣的文化交流多起來了，「文化中國」的不同意義世界在互相影響，特別便於傳播的大眾文化，包括影星、歌星、通俗文學，走在了交流的前面。深層的學術與文化研究、思想理論的創造，彼此之間的交互影響反而不那麼明顯。

余：這不奇怪。如果按剛才說的「文化中國」的範圍，那麼在第一、第二兩個世界，我以為思想理論是貧弱的，很多問題在學理上說不通。尤其缺少富有創見的思想家。這說明需要更大範圍的交流，與全世界交流。也許「第三意義世界」的中國文化研究，因為不在「此山中」，反而觀察得比較清楚，研究有的反饋到頭兩個世界，還會產生某種作用？但即使有作用，這種作用也只是思考反襯的作用，碰得上才有真實的用處，否則不過是一堆符號，只能擺放在圖書館的書架上。

學術立足和知識分子的文化承擔

劉：我對您說的中國缺少富有理論創見的思想家抱有同感。思想家不同於學者。學者可以有通人之學和專家之學之分，思想家卻必須是通人。思想家還必須有系統的理論支撐。在中國的條件下產生思想家是比較困難的。不過思想家也好，學者也好，都應該有文化擔當的意識，應該以學術立足。近百年來的中國學人，凡是以學術立足的，終於站住了。許多不以學術立足的，歷史就沒有給他們留下位置。

余：單純的學術立足也是不穩的。事實上，五四以來的學者中，真正在學術上立得穩的並不是很多。以陳寅恪為例，他的著作特別對讀者有吸引力。能做到這一點，有先決條件，就是所賴以立足的學術必須是能正面承擔苦難的學術，不是花花草草的學術。陳寅恪的學術具有文化承擔力，他告訴人們一種境界，知道怎麼活。〈贈蔣秉南序〉說自己「默念平生固未嘗侮食自矜，曲學阿世，似可告慰友朋」，並特地標舉歐陽修撰《五代史》「貶斥勢利，崇尚氣節」，就是為他心目中的學者境界下了一個界說。

劉：陳寅恪的文化承擔力是無與倫比的。他說王國維是為中國「文化精神所凝聚之人」，是「為此文化所化之人」，其實他自己正是這樣的人。也許通人之學一般是有承擔力的，專家之學卻不一定做到這一點。

余：是的。通人之學給人以遠大的眼光，不會為眼前的苦難所挫折，不是一遇到困難就感到天地道斷。像愛因斯坦，他的承擔力有多大！司馬遷，為生民立命。顧炎武寫《日知錄》，目的很明確，就是經世、明道。專家之學則不具備這樣的眼光，因此也不可能有那樣的承擔力。當然我們也不應該輕視專家之學。任何時候通人總是少數。專家尚且難得，何況通人！

「經世致用」的負面影響

劉：顧炎武主張經世、明道，對後世影響很大。過去一般都把這看作是中國學術的積極傳統。我想有積極的一面，是不成問題的。但今天重新回觀、反思中國學術史，我覺得經世致用思想也有負面影響，它也是造成中國學術不能獨立的一個原因。《中國文化》第六期上有我寫的〈文化託命與中國現代學術傳統〉一文，探討的就是這方面的問題。

余：學術獨立是個重要問題。中國學術裡邊的確缺少為學術而學術的精神。但顧炎武的經世思想，是反對空疏的學術，主張學術思想歷史化，凡實在生活中的問題必窮源溯本，一一求得書本的印證。他這樣做也為的是求知識，因此就個人來說還是獨立的。他的工作、思想都是獨立的。學者自己宣稱的和實際做的不一定完全相同。

劉：不過經世思想在中國傳統學術裡顯得特別突出，顧炎武之前一直有這個傳統，只不過顧炎武作了個總結，把它強調到空前的高度，並造成一種氣候，成為明清之際學術思想的主流。這種傳統過於看重學術的目的性，把學術只作為一種手段，不知道學術本身也是目的。是不是可以說只有把學術本身當作目的，才有可能實現傳統學術向現代學術的轉化？

余：恐怕光從手段和目的關係來區分傳統學術和現代學術還不夠。對一個學者來說，當然可以說學術是目的，但不要忘記，學與術相連也反映學術必然有自己的目的性。純功利主義的學術我不贊成，但學以致用是必要的。可是話說回來，一切都講用，像顏習齋那樣，就不成其為理論了。至於中國傳統學術向現代轉化的問題，實際上經歷了一個相當長的歷史過程。

中國學術的道德傳統和知性傳統

余： 現代學術的一個特點是追求知識性。但中國傳統學術是道德的。孔子一直把仁放在知的前面。「人而不仁如禮何？人而不仁如樂何？」到了清代，特別是清中葉樸學興起，中國學術的道德傳統開始向知性傳統轉化了。當漢學家在故紙堆裡徜徉時，早把仁拋在一邊了。他們認為仁就在知裡面。因此清代樸學已經有了現代學術的萌芽。但如何評價這一轉變，便難說了。我只是指出這個現象而已。

劉： 《中國文化》第六期上，有我寫的一篇專論〈文化託命與中國現代學術傳統〉的文章，其中把學者的思想自由、自覺地追求學術獨立和吸收了二十世紀以還的新的科學觀念暨方法，作為現代學術的一些主要特徵。由於文章題旨的限制，沒有回溯中國傳統學術的內在理路，您今天談的道德傳統向知性傳統轉化的問題，對我的進一步研究非常重要。

余： 你概括的幾個特徵都是對的。但學術獨立應包括知識的獨立性，這表現為一種求知的精神。清朝沒有像樣的思想家不錯，但在知識的建構上大大超過前代。我說的是清中葉，道、咸以後，學者太關切現實，反而忘了大本大源。以龔自珍之說，「道問學、尊德性」，中國長時期都是以「尊德性」為主，到了本朝變而為「道問學」為主了。宋明理學是「尊德性」的最後階段。西方的現代是脫離宗教，中國的現代是脫離道德。

劉： 這很精闢。學術思想的轉變有內在依據，有外部條件，兩者缺一不可。乾嘉漢學已經有了現代學術的萌芽，但後來又中斷了，晚清的經今文學走上了實用主義的道路，時代往前走了，學術反而後退了。可是後退中也有前進，很快就與新學結合了。

余： 這樣說也可以。我強調的是內在轉化。清代學術，戴震、章學誠已經開始轉化了，那個時代已經有了學術的新方向。戴震早年受族長的欺壓，有直接經驗，才發現那個「理」有問題。鑿壁偷光可以，但不能總是借光，自己永不發光。道、咸以來，一直是借光，毛病就出在這裡。

劉： 中國古代思想有不重視知識論的傾向。

余： 是這樣。中國古代的思想不是建立在知識論的基礎上，而是與實際相連

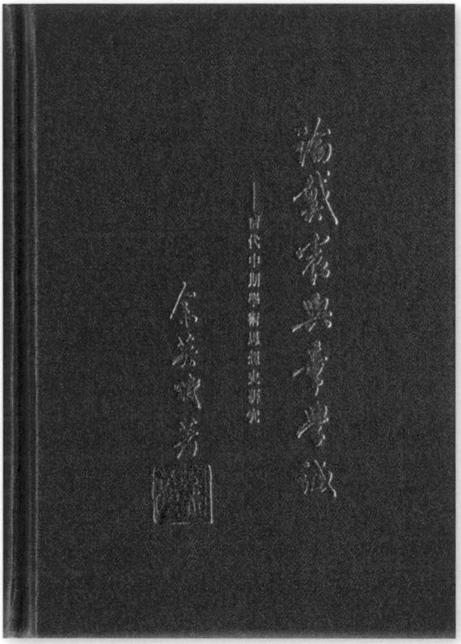
論戴震與章學誠
——清代中期學術思想史研究
余英時著

接，偏重實用。這也造成理論思維比較弱，知識分子的地位不牢固。陳寅恪與吳宓談話，說中國哲學不算高，指的就是知識論和形而上學的貧弱。陳寅恪的力量，以我的看法，一部分來自西方的知識論。

中國傳統社會的「公領域」和「私領域」

劉：陳寅恪說中國人擅長政治和實踐倫理學，與羅馬人很相似。這種情形有長處也有短處，短處是對事情的利害得失觀察過明，缺少遠大精深之思，長處是深諳修齊治平之旨。

余：中國傳統思想重視實行。「修齊治平」四者並提，前二者是個人的，後二者是公共領域。有前者，才有後者。這是儒家的基本看法。儒家思想有這個作用，它畫清了公與私的界限。西方講公領域和私領域，修齊、治平，恰好是這兩個領域。但西方的這兩個領域分得比較清楚，《大學》的修齊、治平，一貫而下，似有公私不分的傾向。是不是所有的人，所有的家，都修了齊了才能治國平天下呢？這似乎說不通。《大學》是先秦的作品，修身齊家大概是指諸侯、卿大夫之類。在現代，甚至秦漢以來都說不通了。譚嗣同曾質疑於此，認為「家雖至齊，而國仍不治；家雖不齊，而國未嘗不可治」。這個質疑恰和我相同，且先我而發，不過我最初不知道他有此說。還有權利與義務，中西也不同。中國傳統思想是講義務的，特別對公益、公共事業，要求盡自己的義務。盡人倫，就是從義務開始。儘管中國古代缺少權利這種觀念，可以想像，另一方面，權利也不是沒有可能從義務中產生出來。

劉：中國的文化傳統是實現現代化的障礙，這樣的思想現在很少看到了。但確有一個問題，就是傳統思想的一些命題如何與現代銜接的問題。有的研究者，如林毓生先生提出傳統的現代轉化的問題，初意當然非常好，概念的選擇也切中命題，但究竟如何轉化，是理念分疏問題還是具體操作問題，不容易使人得到要領。

余：傳統是在不斷闡釋中存在的。經過闡釋的傳統才是有生命力的傳統。我希望尋找傳統與現代銜接的內在理路。如果說有轉化，也應該是以內在轉化為主。沒有內在轉化，外面的東西是進不來的。過去許多人所作的是從傳統中理出現代的成分，這並不夠。僅僅停留在文字層面上的轉化，是轉不出來的。

中國歷史上的商人地位和商人精神

余： 你在信中對我的《中國近世宗教倫理與商人精神》一書有所異議，認為問題的關注點不明確。其實我這本書的寫作，就是尋求傳統思想內在理路的一種嘗試。中國知識分子一直有輕商的傾向。統治者也輕商、抑商。原因是商人周流天下，很難控制，不像農民那樣好控制。漢朝第一個打遊俠，其次是打商賈。當然也不是都不理解，司馬遷就寫了〈貨殖列傳〉。明清以後情況發生了變化，商人的社會地位有所提高。

劉： 儒家的「義」、「利」之辨有些絕對化，這對後世影響很大。我最早是在《知識分子》上看到的〈中國近世宗教倫理與商人精神〉，後來成書後沒有看。文章中引用明清商業發展的一些資料，國內比較熟悉，因為史學界討論資本主義萌芽問題持續時間很長，影響面大，我個人由於研究《紅樓夢》的歷史背景對這個問題也有所涉獵，不明白您講思想史為什麼要集中引用這方面的材料。

余： 讓我先說明一點，我對中國史上的商人一向有興趣，一九六七年出版的英文書便是《漢代的貿易與帝國擴張》。大陸史學家關於資本主義萌芽問題的討論，對史料的收集是相當可觀的。這場討論使我們對明清社會經濟史的大體面貌有了比較明確的認識。還有日本史學界對明清工商業發展狀況的分析，也非常有用。我在序言中特別聲明：「如果沒有中日史學界所共同奠定的研究基礎，我這部專論是寫不成的。」但大陸的討論有一個致命的弱點，即結論是預設的。我的研究不是用這些材料證明一個現成的結論，比如中國為什麼沒有發展出一個資本主義社會，而是想探討明清商人的主觀世界和傳統的儒、釋、道思想究竟有什麼關係。但是我也發掘了許多前人未注意的新材料，並非用中、日學者已發表過的東西，因為我關注的問題不同，材料範圍自然也不可能一致。

劉：您這本書的寫作和韋伯的理論有直接關係嗎？

余：韋伯的《新教倫理與資本主義精神》所提供的範例，對我有參考作用。我提的問題可以說是韋伯式的，為的是尋找宗教信仰與經濟行為之間的關係。但韋伯對中國宗教的看法我不能完全同意。我在書中所敘述的，是中國自己的宗教倫理與社會變遷之間的關係。所以我講到王陽明，此人思想——王學的建立，與商人興起有極大關係。他在晚年給一個「棄儒就賈」的商人寫墓表，在另外的地方提出了「雖終日作買賣，不害其為聖賢」，這方面的材料非常重要。王陽明是從士大夫往下層社會走。天理和人欲，這兩個概念的提出，主要是希望治人者、管理者要減少欲望，盡量用天理去控制欲望。這裡天理是公位。人權的概念可以從中導出來。反對「以理殺人」的戴震是中國最早呼籲人權的人。

劉：您在書中舉的明清以來商業發展的一些例證，和由此引起的意識型態的相應變化，還有商人社會地位的變化，是不是對今天也有某種參照意義？學術研究在商業社會的處境常常很尷尬，您怎樣看這個問題？

余：我從事學術研究的現實立足點始終是清楚的。但我反對亂套，用外國的東西套中國的不好，用古代的套今天的也不好。我傾向於注重中國人過去怎樣生活，現在怎樣生活，站在今天來找它們之間的銜接點。

如何看待歷史上的清朝

劉：影響中國歷史發展的因素很多，其中農民起義和農民戰爭是一個方面，另外還有生產力低下的民族入主，這兩個因素的負面作用看來不能輕看。元朝和清朝是兩個典型。清朝的經濟、商業、社會變化之大是肯定的，但清朝問題也最多，現代中國的許多問題與清朝的狀況有直接關係。不知您怎樣看清朝的歷史地位？

余：清朝有幾個特點，與歷史上的各朝各代都不同。一是清朝沒有宦官問題；二是沒有外戚問題；三是有一個宗室集團，可以叫做滿族黨；四是清朝的統治術是很厲害的；五是清朝的社會結構脆弱散漫。有組織的統治集團用政治強力對待無組織的社會，容易造成社會結構的脆弱。清初遺老如顧炎武、黃宗羲、王夫之等，都講要復「封建」，就是看清了社會上沒有有組織的力量，足以與征服集團抗衡。至於清朝的學術文化，我們已經探討過了，在內在理路上最後是向現代逼近。

劉：前些年高陽來大陸，我向他請教過這個問題。他對清朝歷史有很深入的研究。他的清宮小說，越寫到後來真實歷史的成分越多。他對清朝情有獨鍾，高度評價清朝的歷史地位，說那是第一流的。但我對這個問題始終未獲正解。

余：我對清朝的評價也不低。以康熙來說，中國史上很少皇帝可以比得上他。長期以來，我們承繼了晚清反滿的意識，又處在民族危機之中，害怕被外族征服，因此對清朝便不免有太深的成見。漢族王朝便一定對自己人好嗎？我看明朝便不及清朝。

東西方史學觀念和研究方法的異同

劉： 還有一個問題。英時先生您是歷史學家，我注意到您的研究在大多數情況下採用的都是史學的立場。您能不能談一談中外史學或者說東西方史學，在觀念和方法上有哪些相同的地方和不同的地方？

余： 史學本來是一個。中西史學相同的地方是很多的。史學的輔助學科，比如工具與材料，都必不可少。相比之下中國的史學作品更豐富，史學意識更發達。因為中國史的連續性很大。到清代，經學都史學化了。而西方的經典，後來是俗世化。中國古代史學發達，西方史學近二百年有很大的發展。在史法上，西方傳記史學占很大比重，特別是心理分析的方法，用得很普遍。但毛病也不少，可以說求之過深，又有決定論的傾向，與社會經濟史學的決定論並為西方史學研究上的兩大支柱。中國有褒貶史學的傳統，但褒貶史學有局限，容易流於道德史學。這在古代有其特定作用，在現代，便不能「讓亂臣賊子懼」了。又中國原始史料和檔案保存得太少，這是受了史學太發達的害了。

劉：史學資料太多，便不注意保存了。歷史太悠久，便不注意歷史了。事物的發達，適足以貽害事物本身。褒貶史學成立的前提，是人的良心未泯。現代人羞惡之心淡薄，史學家對歷史人物和歷史事件的褒貶，引不起當事人的切膚之痛了。

余：褒貶史學是不得已之法。不講心理分析，講不到深處。

劉：中國史學著作有的也有心理分析，《史記》的人物列傳寫人物心理寫得很好。陳寅恪的《柳如是別傳》心理分析尤其有深度。

余：是的。所以陳寅恪的史學觀念、史學方法是現代的，不同於宋代史學，也不同於清代史學。他一再講的「發覆」、「發歷史之覆」，只有「發」到心理層面，才算到了家。你論述《柳如是別傳》的文章我看了，講到了陳先生的心理分析。陳先生推崇的史學家是司馬光和宋代史學，這在西方也有傳統，研究生作宋史的題目很多。日本漢學對歐洲有影響，它作的題目小，西方人直接接受。中國一些史學刊物資訊不靈，形成題目重複。學術上，不管世界潮流，關門研究不行。

劉：陳寅恪先生的「在史中求史識」的觀念很重要。中國大陸史學界一個時期盛行「以論代史」的傾向，結果造成史學的空洞化。現在這種風氣有了改變，研究者知道了從小處入手的重要性。但用觀念宰割歷史的現象仍然存在。史前史的研究臆說很多，《中國文化》一般不敢發表這類文章。《柳如是別傳》裡遇到史實不清楚的地方，寧可闕如，也不用主觀去填補。

余：我知道大陸有「以論帶史」、「史論結合」、「論從史出」這類提法。我的看法，「以論帶史」固然要不得，「史論結合」也不足取，只有「論從史出」差強人意，但又不能算是史學研究的正宗了。不過就中國大陸來說，問題並不是理論太多，主要看是什麼理論。最怕的是拿洋東西唬人。西方史學理論有許多流派，這些東西用於中國史研究，有的有用，有的沒用。普遍性高的有用，特殊的沒用。沒用的也有用，它的框架、方法可以帶來啟示。史學理論是很嚴格的。陳寅恪先生研究隋唐制度，建立了自己的理論。

最要不得的是影射史學

余：最要不得的是影射史學。歷史有現實的啓發，是不成問題的。但影射則進退失據。對一個史學家來說，道德化的態度對待歷史都不對，更不用說用情緒化的態度來對待了。也不獨歷史學，在任何客觀的研究面前，需要科學的態度，避免感情的摻入。古史研究難，更要嚴格，因為材料太少，否則容易武斷。

劉：史學家的立場、態度如何體現在著作中，是個需要探究的課題。有的史學著作給人以身臨其境的感覺，拉著你跟著作者的態度走，使你身不由己地是其所是，非其所非。

余：史學研究的領域很寬廣，有各種專門史，切入的角度、態度各有不同。思想史的研究有一個問題，涉及到秩序與思想，作者絕不能認為凡是站在反抗一邊的就是好的立場。總要有個秩序。當然秩序是可以變化的。二十世紀的大問題是各種決定論。

文化的問題在社會

余：講到清朝，有一個問題值得深思：清入關以後，社會並沒有變化。《清代日記彙鈔》這本書裡記載的許多事情，可以證明這一點。這非常重要。當社會不被摧毀，文化是摧毀不了的。台灣、香港、新加坡，雖然受到了西方文化衝擊，但社會也沒有被扭曲。台灣一八九五年日本拿了去，到一九四五年才回歸，成為日本的殖民地，這期間社會也沒有激烈的變動。社會不被破壞，文化就會得以保留，現代化與民族傳統的銜接問題就好解決了。日本明治維新也是不破壞社會，所以它走向現代化走得很順利。台灣和香港都未經過暴力革命，舊文化保存得也最多，但反而在現代化方面成績最好，這是很值得研究的一件事。

劉：您講到了要害處，恐怕這是當前中國文化問題研究最主要的癥結點，研究者的精神困境可以從這裡走出來。我在哈佛會議上提交的論文，講到了近百年來家庭的解體，宗教與學校失卻了傳衍傳統的功能，但沒有從社會遭到破壞的角度加以說明。曾國藩的重建傳統的活動，當時所以有成效，看來與清代社會沒有被破壞有關係。而現在的重建的努力所以困難重重，不排除是由於社會遭到長期破壞的緣故。

余：家庭解體是社會解體的主要標誌。熊十力都講家庭是萬惡之源，很讓人感到意外。家庭沒有了，教育沒有了，宗教沒有了，社會靠什麼存在？社會解體，如何整合？社會不能整合，文化整合豈不成了一句空話？關鍵在於一個良性社會的建立。所謂良性也是相對的，主要是要有一個公民社會，而不是追求人間天堂。近代以來不斷追求人間天堂，結果是一大災難。道高一尺，魔高一丈。道能制魔就行了，不必企望沒有魔。社會不能通體透明，不能都滿意。如果太滿意，就太無聊了。李商隱的詩：「嫦娥應悔偷靈藥，碧海青天夜夜心。」如果每個人都不死，那是最大的悲哀。所以中國神話中，有人成了仙，仍然不肯上天，要留在地上。

社會的問題在民間

劉：您的文化與社會關係的這番論述，我看可以引申到對傳統社會的解釋。中國歷史長，發展遲緩，是不是與社會有某種保持完型的能力有關？比如說農民起義對生產力有破壞，但並不破壞社會；不僅不破壞，循環往復的結果，實際上成了封建社會機制的自我調節器。各個朝代的統治，寬嚴不盡相同，家庭結構的網絡始終結得很緊密。而且長期保持私人講學的風氣，民間宗教又很發達。這諸多方面的因素，使得傳統社會成為文化滋生和沉積的有利土壤。

余：是的，可以這樣解釋。中國歷史的特點，主要是各個新興的王朝都不去刻意破壞原有的民間社會。有民間社會，就有民間文化和民間信仰。有了民間信仰，你所擔心的傳統傳衍的問題，就好解決了。民間信仰是最無害的。因此打爛菩薩，再愚蠢不過。我在日本，看見各種古怪的信仰都有，但日本何嘗不能現代化。信仰問題只能聽其自然演變。中國近代知識分子專好破迷信，其實自己信仰的所謂「科學的」一切比民間迷信還要幼稚。記得潘光旦寫過一篇文字，叫〈迷信者不迷〉，是為民間信仰辯護的，很有眼光。孫中山講四維、八德，胡適反對。我是同情孫的。民間道德習俗不好去破壞，破壞了就難恢復。你以為是用科學思想掃除迷信，其實是用假信仰代替真信仰，社會秩序反而解體了。

劉：我注意到，您的著作中反覆出現孔子的「禮失，求諸野」這句話。

余：孔子的話很深刻，有春秋時期的具體針對性，也適用於後來的社會。民間還流行一句話：「天高皇帝遠。」老百姓的事情，皇權控制不到。民間社會存在，這個社會就有希望。華僑社會比較保守，保存了不少傳統價值，也是這個道理。明朝是專制制度的高峰，但王陽明的門徒輩都不談政治，談致良知，讓每個人自己決定是非，不以朝廷的是非為是非，結果他們在民間社會有相當大的影響。再加上商人力量的支援，下邊的社會反而有了發展。民間文化也興起了，如小說、戲劇之類。明朝很多知識分子都不曾出仕，他們眼光不再向上看朝廷，反而低頭看社會，和民間文化打成一片。政治老虎儘管發威，我避開就是了。但是如果民間社會被消滅了，或者壓得一點空間都沒有，那就真是「天柱折，地維絕」了。不過這樣以暴力硬壓的日子究竟維持不了太久。文化生命比任何政治組織都要長得多。

後記

這本書彙集了我對余英時先生幾次訪談的紀錄。

我第一次見到「余英時」的名字，是在二十世紀八〇年代末期。當時我的同學好友，現在北大歷史系任教的丁一川，拉我去中國社會科學院近代史研究所，說是有一個讀書討論會。討論會是由近代史所張小林研究員主持的，總共有十來個人參加。討論的是余英時先生的《從價值系統看中國文化的現代意義》。當時國內出版余英時的著作還很少，這本書是近代史所油印的。我們知道八〇年代正值大陸興起文化熱，文化熱的背後暗含著以西方文化所代表的民主科學和法制來重新評估中國文化的思想，但對於西方文化的理解有些問題不夠深入。而這本小冊子中所談到的「真實世界」與「現象世界」；「超越世界」與「內在超越」；宗教與科學的關係，所談到的西方外在超越的價值系統不但沒有因為現代化而崩潰，恰恰為現代化的發生和發展提供了精神源泉。這些問題對於我們青年學子來說，備感新鮮。我記得，從討論會出來以後，我和丁一川還就此書的內容討論了一番。雖然並不能完全消化，但是我們都覺得很受啟發。

一九九二年，我因獲得喬治華盛頓大學（George Washington University）艾略特國際事務學院（Elliot School of International Affairs）的獎學金，負笈

西遊。年底時，與余先生聯繫，乃與妻子冰梅和時在新澤西（New Jersey）工作的姊夫李魯一起去普林斯頓拜訪余先生。當時李魯駕車，穿過林木蓊鬱的美國東部鄉間路，步入辟廬叢窈的余府，余先生余太太熱情接待了我們。當時聊了很多，余先生對國內的事情很關心，特別是時局的變化。但現在事隔二十年，內容已大多不記得了。只記得，余先生對於國內有人將他歸入新儒家，很不以為然。我記得也談了自己的一些看法，諸如現在是「價值真空」等等。此外，余先生還問了我學業上的事，我對余先生說：「我不太喜歡國際事務，還是喜歡研究古典文學，特別是明清的詩詞等。」大約聊了兩三個小時，然後我們開車離開。在車裡，姊夫和妻子對我的「右傾教條主義」開始「清算」，說我「應該說喜歡思想史」，說我「錯失良機」。

後來轉學到威斯康辛大學讀書，與余先生時有聯繫。幾年後，我到新加坡國立大學工作，在那裡完成了博士論文《從禮儀化到世俗化：詩經的形成》。一九九九年去普林斯頓大學面試，又見了余先生，送了一本我剛完成的博士論文給他，在他的辦公室裡又聊了很久。當時，正值錢鍾書先生過世，余先生講了不少與錢先生交往的舊事。此後不久，我又回到威斯康辛大學任客座助理教授，把自己的論文改寫後，提交給了德國的華裔學志研究院

（Institute of Monumenta Serica）。到了威斯康辛以後，與余先生通話，余先生對我的論文誇獎了幾句，並允與推薦。我後來到《華裔學志》去做訪問研究，倒是忘了問主編和院長馬雷凱神父（Professor Dr. Roman Malek），我的書的出版，是否因為余先生的推薦。不管怎麼說，對於余先生的獎掖，我是心懷感激的。

二〇〇〇年八月，我來到香港浸會大學中文系教書，新設計了一門課程，叫「中國古代思想與今日社會」，我當時的想法是給碩士班的學生介紹中國古代思想中的一些核心價值和理念，以及這些核心概念如何在今日社會中被檢驗，如何被重新詮釋。課程的後半段也簡要地介紹一些當代的思想史研究專家，如余英時、林毓生、勞思光、傅偉勳、劉述先、成中英等學者的論著。當時，《明報月刊》的編輯記者陳芳女士也在課堂上，她對課程的內容極有興趣。

二〇〇六年十二月，美國國會圖書館頒發「克魯格」獎（John W. Kluge Prize in 2006）給余英時先生。該獎項是由克魯格先生贊助，由美國國會圖書館主持，頒發給人文學科領域中，諾貝爾獎所未覆蓋的學科中有傑出成就的學者，以肯定他們在學術研究中的終身成就。余英時先生是在前後三屆獲獎的五位學人中唯一的華人學者，他在中國思想史研究上的成就為中外學術界所公認。《明報月刊》編輯陳芳女士於是要我對余先生作一訪談。二〇〇七年二月三日至四日，通過越洋電話，我對余先生進行了連續兩日，長達五六個小時的訪談。在訪談中，余先生一再強調，學者之名宜只入同時學人著作的註腳中，而不應見諸報端。所以只討論學術問題，而不涉私人及其他。訪談中，余先生隨感而發，引經據典，其記憶力之驚人，思想之深刻，讓我感佩不已。我因就訪談紀錄作了一番整理，其中著重在就知見所及問及余先生關於他治學的途徑、經歷、方法和重點，以及他對學術、思想、人文等方面的看法等等。沒有想到的是，訪談稿記錄下來之後，竟有三萬多字，《明報月刊》乃分五期以連載的形式刊出[1]。此即本書第一部分，〈直入塔中　上尋相輪〉。

在《明報月刊》刊出以後，很多朋友都關注到這個訪談。像劉述先先生有一次就跟我說「訪談既周延，又深入」。其後，潘耀明先生又跟我說，他和幾位朋友要創辦一個新的刊物，叫《國學新視野》，要我索性再跟余先生訪談一次。我徵得余先生同意，二〇〇九年四月二十六日，又通過電話訪談，進一步向余英時先生請教了一些問題。是次訪談，余先生主要圍繞著中

1 見陳致，〈直入塔中，上尋相輪：余英時教授訪談錄（一）〉，《明報月刊》二〇〇七年第八輯，頁一四—三二；〈國學與現代學術的種種：余英時教授訪談錄（二）〉，《明報月刊》二〇〇七年第九輯，頁六一—六八；〈先秦「哲學的突破」與「巫」的傳統：余英時教授訪談錄（三）〉，《明報月刊》二〇〇七年第十輯，頁七四—七八；〈胡適自由之精神：余英時教授訪談錄（四）〉，《明報月刊》二〇〇七年第十一輯，頁六九—七三；〈知識人與社會擔當：余英時教授訪談錄（五）〉，《明報月刊》二〇〇七年第十二輯，頁九三—九七。

西學術分類、「宗教」、「哲學」、「國學」等學術概念和範圍等問題抒發自己的意見。訪談之後，《國學新視野》因故未能出版，所以，訪談經整理後，轉由香港中文大學劉笑敢教授主編之《中國哲學與文化》（第七輯）刊出[1]。此即本書第二部分〈宗教、哲學、國學與東西方知識系統〉。二〇一〇年，潘耀明先生告訴我，《國學新視野》終於又出版了，並邀我就余先生的幾次訪談，整理一部分論及國學與漢學問題的內容，在《國學新視野》第二期上又刊登出來。

二〇〇九年十一月，中華書局徐俊先生受文學院的邀請，來浸會大學訪問兩週。徐俊先生看了幾處發表的訪談稿之後，非常感興趣，希望在中華書局出一本單行的小書，收入我對余先生訪談的全部內容。並且希望我再對余先生訪談一次，著重在余先生的治學經歷及其對東西方學術異同的觀察等方面。在徵得余先生同意之後，我在二〇一〇年三月二十日與二〇一一年四月九日，對余英時先生又作了兩次越洋電話訪談，成為本書第三部分〈治學門徑與東西方學術〉。

這前前後後，我與余先生就訪談的事，通話不知多少次，承余先生不憚其煩，一再接受我的訪問，又仔細認真地改定文稿。

1 見陳致，〈余英時教授談宗教、哲學、國學與東西方知識系統〉，收入劉笑敢主編，《中國哲學與文化》（桂林：廣西師範大學出版社，二〇一〇），頁二一二—二三七。惟部分內容與刊出稿微有異同。

後來，中華書局的李靜女士又建議，將余先生以前寫的〈我走過的路〉放在此書卷前以為代序。由於內容相關，余先生提議加入劉夢溪先生的訪談〈為了文化與社會的重建〉[1]，承蒙劉先生慨允，使本書得以完美。

從訪談中，我實獲益良多。在此對余先生由衷地感激。也要多謝徐俊、潘耀明、劉笑敢三位先生，以及中華書局的李靜、《明報月刊》的陳芳女士，為我提供了這麼個難得的機緣。再有浸會大學中文系的梁思樂、李俊桐同學也都參與了訪談錄音的錄入工作。在此一併致謝！

陳致

二〇一一年十二月

於香港浸會大學

1 見劉夢溪，〈為了文化與社會的重建〉，《中國文化》一九九四年第十期。

余英時教授
著作目錄

車行健／整理

一、中文之部

A. 專書

1. 《近代文明的新趨勢：十九世紀以來的民主發展》，署名艾群，香港：自由出版社，1953年。
2. 《民主革命論：社會重建新觀》，香港：自由出版社，1954年；台北：九思出版社，1979年；又收入沈志佳編，《余英時文集》，第6卷，《民主制度與近代文明》，桂林：廣西師範大學出版社，2006年。
3. 《到思維之路》，署名艾群，香港：高原出版社，1954年；台中：漢新出版社，1984年；又收入沈志佳編，《余英時文集》，第7卷，《文化評論與中國情懷．上》，桂林：廣西師範大學出版社，2006年。
4. 《民主制度的發展》，香港：亞洲出版社，1955年。
   案：與《近代文明的新趨勢：十九世紀以來的民主發展》合刊為《西方民主制度與近代文明》，台中：漢新出版社，1984年；又收入沈志佳編，《余英時文集》，第6卷，《民主制度與近代文明》。
5. 《自由與平等之間》，香港：自由出版社，1955年；台中：漢新出版社重印本易名為《自由與平等》，1984年；又收入沈志佳編，《余英時文集》，第6卷，《民主制度與近代文明》。
6. 《文明論衡》，署名艾群，香港：高原出版社，1955年；台北：九思出版社，1979年；又收入沈志佳編，《余英時文集》，第7卷，《文化評論與中國情懷．上》。
7. 《方以智晚節考》，香港：新亞研究所，1972年；台北：允晨文化實業公司1986年增訂擴大版；北京：三聯書店「余英時作品系列」，2004年增訂版。

8. 《歷史與思想》，台北：聯經出版事業公司，1976年；2021年2版。

9. 《論戴震與章學誠：清代中期學術思想史研究》，香港：龍門書店，1976年；台北：華世出版社，1977年；台北：東大圖書公司，1996年；北京：三聯書店，2000年。

10. 《紅樓夢的兩個世界》，台北：聯經出版事業公司，1978年；1981年增訂再版；2017年2版；上海：上海社會科學教育出版社，2002年。

11. 《中國知識階層史論：古代篇》，台北：聯經出版事業公司，1980年；2019年2版。

12. 《史學與傳統》，台北：時報文化出版公司，1982年。

13. 《中國近代思想史上的胡適》，台北：聯經出版事業公司，1984年。

14. 《陳寅恪晚年詩文釋證》，台北：時報文化出版公司，1984年初版；1986年2版；台北：東大圖書公司，1998年增訂新版；2008年3刷。

15. 《從價值系統看中國文化的現代意義：中國文化與現代生活總論》，台北：時報文化出版公司，1984年。

    案：此書有英文簡介，見"Heaven Earth, the Chinese Art of Living," *Journal of Fine Arts Inner Arts* I.1（May 1991）, San Francisco; 德文譯本見 Martin Miller, *Die Modernitat der Tradition, ZumKulturvestandnis des Chineisischen Historikers Yu Yingshi*, Munster: Lit, 1995, pp. 59-121；韓文譯本見金秉峘（Kim Byounghwon）, *Rediscovery of Asian Values*, 漢城：East-Asia Publishing Co., 2007。

16. 《中國近世宗教倫理與商人精神》，台北：聯經出版事業公司，1987年；2004年2版（增訂版）；2018年3版；合肥：安徽教育出版社，2001年；森紀子日譯本，東京：平凡社，1991年；鄭仁在韓譯本，大韓教科書株式會社，1993年。

17. 《士與中國文化》，上海：上海人民出版社，1987年。

18. 《中國思想傳統的現代詮釋》，台北：聯經出版事業公司，1986年；2018年2版。
19. 《文化評論與中國情懷》，台北：允晨文化實業公司，1988年；2011年增訂版。
20. 《中國思想傳統的現代詮釋》，南京：江蘇人民出版社，1989年。
案：此書與聯經版之《中國思想傳統的現代詮釋》二書名同實異。
21. 《猶記風吹水上鱗：錢穆與現代中國學術》，台北：三民書局，1991年。
22. 《錢穆與中國文化》，上海：遠東出版社，1994年。
案：此書內容與《猶記風吹水上鱗：錢穆與現代中國學術》略有不同。
23. 《內在超越之路：余英時新儒學論著輯要》，辛華、任菁編，北京：中國廣播電視出版社，1992年。
24. 《中國文化與現代變遷》，台北：三民書局，1992年。
25. 《民主與兩岸動向》，台北：三民書局，1993年。
26. 《歷史人物與文化危機》，台北：東大圖書公司，1995年。
27. 《現代儒學論》，美國紐澤西（New Jersey）：八方文化企業公司，1996年；上海：上海人民出版社，1998年。（有增訂）
28. 《中國知識分子論》，康正果編，鄭州：河南人民出版社，1997年。
29. 《論士衡史》，傅傑編，上海：上海文藝出版社，1999年。
30. 《朱熹的歷史世界：宋代士大夫政治文化的研究》，台北：允晨文化實業公司，2003年；北京：三聯書店「余英時作品系列」，2004年。
31. 《重尋胡適歷程：胡適生平與思想再認識》，台北：聯經出版事業公司，2004年；2014年增訂版；桂林：廣西師範大學出版社，2004年。
32. 《史學、史家與時代》，收入沈志佳編，《余英時文集》，第1卷，桂林：廣西師範大學出版社，2004年。

33.《中國思想傳統及其現代變遷》，收入沈志佳編，《余英時文集》，第2卷，桂林：廣西師範大學出版社，2004年。
34.《儒家倫理與商人精神》，收入沈志佳編，《余英時文集》，第3卷，桂林：廣西師範大學出版社，2004年。
35.《中國知識人之史的考察》，收入沈志佳編，《余英時文集》，第4卷，桂林：廣西師範大學出版社，2004年。
36.《宋明理學與政治文化》，台北：允晨文化實業公司，2004年；又收入沈志佳編，《余英時文集》，第10卷，桂林：廣西師範大學出版社，2006年；長春：吉林出版集團有限責任公司，2008年。
37.《十字路口的中國史學》，李彤譯，收入何俊編，《余英時英文論著漢譯集》，上海：上海古籍出版社，2004年；台北：聯經出版事業公司，2008年。
38.《文史傳統與文化重建》，北京：三聯書店「余英時作品系列」，2004年。
39.《現代儒學的回顧與展望》，北京：三聯書店「余英時作品系列」，2004年。
40.《現代危機與思想人物》，北京：三聯書店「余英時作品系列」，2005年。
41.《漢代貿易與擴張：漢胡經濟關聯式結構研究》，鄔文玲等譯，收入何俊編，《余英時英文論著漢譯集》，上海：上海古籍出版社，2005年；台北：聯經出版事業公司，2008年。
42.《東漢生死觀》，侯旭東等譯，收入何俊編，《余英時英文論著漢譯集》，上海：上海古籍出版社，2005年；台北：聯經出版事業公司，2008年。
43.《現代學人與學術》，收入沈志佳編，《余英時文集》，第5卷，桂林：

廣西師範大學出版社，2006年。

44. 《民主制度與近代文明》，收入沈志佳編，《余英時文集》，第6卷，桂林：廣西師範大學出版社，2006年。

45. 《文化評論與中國情懷·上》，收入沈志佳編，《余英時文集》，第7卷，桂林：廣西師範大學出版社，2006年。

46. 《文化評論與中國情懷·下》，收入沈志佳編，《余英時文集》，第8卷， 桂林：廣西師範大學出版社，2006年。

47. 《歷史人物考辨》，收入沈志佳編，《余英時文集》，第9卷，桂林：廣西師範大學出版社，2006年。

48. 《錢穆與中國現代學術》，桂林：廣西師範大學出版社，2006年。

49. 《人文與理性的中國》，程嫩生、羅群譯，收入何俊編，《余英時英文論著漢譯集》，上海：上海古籍出版社，2007年；台北：聯經出版事業公司，2008年。

50. 《未盡的才情：從顧頡剛日記看顧頡剛的內心世界》，台北：聯經出版事業公司，2007年；2017年2版。

51. 《知識人與中國文化的價值》，台北：時報文化出版公司，2007年。

52. 《會友集：余英時序文集》，彭國翔編，香港：明報出版社，2008年；台北：三民書局；2010年增訂版。

案：據余先生〈灣版序〉云：「《會友集》原收序文三十八篇，這次增加了十三篇，相當於原版的三分之一。」

53. 《中國文化史通釋》，香港：牛津大學出版社，2010年；北京：三聯書店，2011年。

54. 《人文與民主》，台北：時報文化出版公司，2010年。

55. 《情懷中國：余英時自選集》，香港：天地圖書出版，2010年。

56. 《余英時學術思想文選》，何俊編，上海：上海古籍出版社，2010年。

57.《史學研究經驗談》，邵東方編，上海：上海文藝出版社，2010年。
58.《中國文化的重建》，北京：中信出版社，2011年。
59.《人文·民主·思想》，北京：海豚出版社，2011年。
60.《中國情懷：余英時散文集》，北京：北京大學出版社，2012年。
61.《卮言自紀：余英時自序集》，北京：北京大學出版社，2012年。
62.《不確定的遺產》，北京：九州出版社，2012年。
63.《師友記往：余英時懷舊集》，北京：北京大學出版社，2013年。
64.《學思答問：余英時訪談集》，北京：北京大學出版社，2013年。
65.《歷史人物考辨》，收入沈志佳編，《余英時文集》，第9卷，桂林：廣西師範大學出版社，2014年。
66.《宋明理學與政治文化》，收入沈志佳編，《余英時文集》，第10卷，桂林：廣西師範大學出版社，2014年。
67.《論學會友》，收入沈志佳編，《余英時文集》，第11卷，桂林：廣西師範大學出版社，2014年。
68.《國學與中國人文》，收入沈志佳編，《余英時文集》，第12卷，桂林：廣西師範大學出版社，2014年。
69.《論天人之際：中國古代思想起源試探》，台北：聯經出版事業公司，2014年；北京：中華書局，2014年。
70.《中國與民主》，香港：天窗出版公司，2015年。
71.《余英時回憶錄》，台北：允晨文化實業公司，2018年。

B. 單篇論著

1. 〈能忍自安〉，《星島日報》，1951年1月1日，增刊第六版。
2. 〈文化侵略與文化交流〉，署名艾群，《自由陣線》，4卷8期，頁7，1951年2月。
3. 〈「群眾大會」的註解〉，署名艾群，《自由陣線》，5卷4期，頁14-15，1951年4月。
4. 〈從民主革命到極權後群〉，署名艾群，《自由陣線》，7卷2期，頁5-6，1951年9月。
5. 〈論革命的手段與目的〉，署名艾群，《自由陣線》，7卷12期，頁7-9，1951年11月。
6. 〈我的一點希望〉，署名艾群，《自由陣線》，8卷1期，頁13，1951年12月。
7. 〈論革命的道路〉，署名艾群，《自由陣線》，8卷2期，頁5-7，1951年12月。
8. 〈領袖、群眾與革命〉，署名艾群，《自由陣線》，8卷6期，頁5-7，1952年1月。
9. 〈民族主義與民主革命〉，署名艾群，《自由陣線》，8卷9期，頁5-7，1952年1月。
10. 〈胡適思想的新意義〉，署名艾群，《自由陣線》，8卷11期，頁5-7，1952年2月。
11. 〈政治革命與民主革命〉，署名艾群，《自由陣線》，9卷4期，頁7-9，1952年3月。
12. 〈救出自己〉，署名艾群，《自由陣線》，9卷4期，頁16，1952年3月。
13. 〈方生的快生，未死的快死！〉，署名艾群，《自由陣線》，9卷5期，

頁7-8，1952年3月。

14. 〈靈山只在我心頭〉，署名艾群，《自由陣線》，9卷6期，頁17，1952年4月。

15. 〈逝者如斯夫〉，署名艾群，《自由陣線》，9卷7期，頁16，1952年4月。

16. 〈放寬些子又何妨〉，署名艾群，《自由陣線》，9卷8期，頁17，1952年4月。

17. 〈資本主義經濟革命的意義——民主革命論之八〉（上、下），署名艾群，《自由陣線》，9卷9-10期，頁5-6、7-9，1952年4月。

18. 〈「方生方死，方死方生」——答楊平先生的「一個商榷」〉，署名艾群，《自由陣線》，9卷11期，頁10-11，1952年5月。

19. 〈「何故亂翻書」〉，署名艾群，《自由陣線》，9卷12期，頁17，1952年5月。

20. 〈更上一層樓〉，署名艾群，《自由陣線》，10卷1期，頁16，1952年5月。

21. 〈寧靜以致遠〉，署名艾群，《自由陣線》，10卷4期，頁17，1952年6月。

22. 〈社會主義革命的演變——民主革命論之九〉，署名艾群，《自由陣線》，10卷6期，頁5-8，1952年6月。

23. 〈歷史自由論導言〉，《新亞校刊》，第1期，頁7-8，1952年6月。

24. 〈如人飲水，冷暖自知〉，署名艾群，《自由陣線》，10卷7期，頁21，1952年7月。

25. 〈此心吾與白鷗盟〉，署名艾群，《自由陣線》，10卷8期，頁21，1952年7月。

26. 〈論文化與革命——民主革命論之十〉（下），署名艾群，《自由陣

線》，11卷3期，頁17-19，1952年8月。

27. 〈論社會革命〉（上、中、下），署名艾群，《自由陣線》，11卷12期、12卷1-2期，頁5-6、17-18、19-20，1952年10、11月。

28. 〈開場白——革命問題討論（一）〉，署名艾群，《人生》，4卷3期，頁24，1952年12月。

29. 〈論反革命〉（上、中、下），署名艾群，《自由陣線》，13卷2-4期，頁14-15、16-17、20，1953年2月。

30. 〈續論反革命〉，署名艾群，《自由陣線》，13卷5期，頁18-19，1953年2月。

31. 〈談政治革命〉，署名艾群，《人生》，4卷7期，頁25，1953年2月。

32. 〈畢業以來〉，《新亞校刊》，第2期，頁22，1953年3月。

33. 〈論文藝復興〉，署名艾群，《自由陣線》，13卷8期，頁14-16，1953年3月。

34. 〈論宗教革命〉（上、下），署名艾群，《自由陣線》，13卷12期、14卷1期，頁14-15、14-15，1953年4月。

35. 〈釋「海外中華」〉，《祖國週刊》，42卷4期，頁4-6，1953年4月。

36. 〈當代文明的新趨勢——十九世紀以來的民主發展〉（一至四），署名艾群，《自由陣線》，14卷6-9期，頁14-15、14-15、15-17、15，1953年5、6月。

37. 〈法國革命期間歷史研究的復興〉，《新亞校刊》，第3期，頁43-45，1953年7月。

38. 〈論中國智識份子的道路——中國傳統社會人物批判〉（一至五），署名艾群，《自由陣線》，15卷1-4、6期，頁14-15、14、14-15、10-11、19，1953年7、8月。

39. 〈論文明〉（上、下），署名艾群，《人生》，5卷11-12期，頁5-7、

8-10，1953年8、9月。

案：此文收入《文明論衡》，改題作〈文明與野蠻〉。

40. 〈重重壓迫下的中國商賈——中國傳統社會人物批判〉（一至四），署名艾群，《自由陣線》，15卷11期、16卷1-3期，頁10、16-19、16、16-17，1953年9、10月。

41. 〈論進步——文明論之二〉（上、中、下），《人生》，7卷2-4期，頁10-12、7-9、16-17，1954年1、2月。

42. 〈十九世紀法國浪漫派之史學〉，《新亞校刊》，第4期，頁10-13、49，1954年2月。

43. 〈迎擊中國的文化反攻〉，署名艾群，《自由陣線》，17卷8期，頁5-6，1954年2月。

44. 〈平等概念的檢討〉，《自由中國》，10卷5期，頁6-9，1954年3月。

45. 〈論自覺——文明論之三〉（上、中、下），《人生》，7卷8-10期，頁3-4、7-8、6-7，1954年3、4月。

46. 〈我們眼前的文化工作〉，署名艾群，《自由陣線》，18卷5期，頁8-9，1954年4月。

47. 〈五四運動的再檢討〉，《人生》，7卷12期，頁3-4、6，1954年5月。

48. 〈我對中國問題之反省——兼評本位、西化、折衷三者的論點〉（上、下），《人生》，8卷4-5期，頁2-5、6-8，1954年7月。

49. 〈鐵幕後歷史學的災難〉，署名艾群，《自由陣線》，19卷7期，頁8-10，1954年7月。

50. 〈基佐的歷史學〉，《新亞校刊》，第5期，頁10-11，1954年7月。

51. 〈郭沫若抄襲錢穆先生著作考：《十批判書》與《先秦諸子繫年》互校記〉（上、中、下），《人生》，8卷6-8期，頁21-25、6-9、6-7，1954年8-9月。

52. 〈現階段新勢力運動的檢討〉，署名艾群，《自由陣線》，20卷1期，頁10-12，1954年9月。
53. 〈論傳統——文明論之四〉（上、下），《人生》，8卷11-12期，頁2-4、8-11，1954年10、11月。
54. 〈自由與平等之間〉（上、下），《民主評論》，5卷20-21期，頁15-18、19-21，1954年10、11月。
55. 〈羅素論自由〉（上、下），署名艾群，《自由陣線》，20卷11-12期，頁9-11、7-9，1954年11月。
56. 〈人生的徬徨——從《星星、月亮、太陽》說起〉，《人生》，9卷3期，頁12-14，1954年12月。
57. 〈自由本論〉（上、中、下），《人生》，9卷5-7期，頁8-9又轉13、8-10、12-13，1955年1、2月。
58. 〈人生通訊——問題簡答〉，《人生》，9卷8期，頁26，1955年3月。
59. 〈五四文化精神的反省——兼論今後文化運動的方向〉，《自由陣線》，22卷11期，頁5-6、22，1955年5月。
60. 〈「文明」與「文化」釋名〉，《自由陣線》，23卷4期，頁7-8，1955年6月。
61. 〈論文化整體〉（一至三），《自由陣線》，23卷6-8期，頁19-22、10-12、20，1955年6、7月。
62. 〈法國政治學派的兩大史學——讀史隨記之一〉，《新亞校刊》，第7期，頁8-10，1955年10月。
63. 〈記湯因比在哈佛大學的講演——當前世界中基督教與非基督教的信仰〉，《海瀾》，第2期，頁4-6，1955年12月。
64. 〈東漢政權之建立與士族大姓之關係〉，《新亞學報》，1卷2期，頁209-280，1956年2月。

65. 〈奇跡的出現——聖女貞德之死〉，署名艾群，《自由陣線》，26卷12期，頁24，1956年4月。
66. 〈貞德之死——聖女貞德之死〉，署名艾群，《自由陣線》，27卷3期，頁24，1956年5月。
67. 〈聖德不朽——聖女貞德之死〉，署名艾群，《自由陣線》，27卷4期，頁24，1956年5月。
68. 〈自由是甚麼？〉，羅素著，余英時譯，許冠三註，《自由陣線》，29卷9期，1956年12月。
69. 〈章實齋與柯靈烏的歷史思想〉，《自由學人》，3卷2、4期，頁5-24，1957年10月。
70. 〈工業文明之精神基礎〉（上、中、下），《祖國週刊》，24卷5-7期，頁7-11、10-14、10-13，1958年10-11月。
71. 〈陳寅恪先生《論再生緣》書後〉，《人生》，17卷2期，頁24-29，1958年12月。
72. 〈論學者宗主與門戶〉，《新亞生活》，2卷3期，頁10，1959年6月。
73. 〈漢晉之際士之新自覺與新思潮〉，《新亞學報》，4卷1期，頁25-144，1959年8月。
74. 〈文藝復興與人文思潮〉，《新亞書院學術年刊》，第1期，頁1-24，1959年10月。
75. 〈人文思潮及其影響〉，《大學生活》，5卷23期，頁4-14，1960年4月。
76. 〈西方古典時代之人文思想〉，《祖國週刊》，32卷4期，頁6-11、封底，1960年10月；《人生》，22卷3、4期，頁11-16、25-27及上接24，1961年6-7月。
77. 〈論學書簡〉，《人生》，21卷7、8期合刊，頁38-39，1961年2月。

78. 〈涵養新知，商量舊學〉，《明報月刊》，1卷4期，頁2-7，1966年4月。

79. 〈從宋明儒學的發展論清代思想史〉，《中國學人》，第2期，頁19-42，1970年9月。

80. 〈方中履及其古今釋疑——跋影印所謂黃宗羲授書隨筆〉，《書目季刊》，6卷3、4期合併，頁59-71，1972年6月。

81. 〈《方以智晚節考》自序〉，《中國學人》，第4期，頁87-88，1972年7月。

82. 〈月會講詞——一九七三年九月十四日本校第一四三次月會〉，與孫國棟合作，《新亞生活》，1卷2期，頁1-2，1973年10月。

83. 〈史學、史家與時代〉，余英時講、陳懿行等記錄，《幼獅月刊》，39卷5期，頁2-11，1974年5月；另分兩次刊於《新亞生活》，2卷1-2期，頁1-5、1-5，1974年9-10月，題為〈史學、史家與時代・上、下——一九七三年十二月二日本校文學院與研究所文化講座講詞〉；又收入中華文化復興運動推行委員會主編，《中國史學論文選集》，第2輯，頁85-109，台北：幼獅文化事業公司，1977年12月。

84. 〈近代紅學的發展與紅學革命——一個學術史的分析〉，《香港中文大學學報》，2卷1期，頁1-30，1974年6月；另刊於《明報月刊》，10卷6期，頁2-11，1975年6月，又收入余英時、周策縱、周汝昌等著，《四海紅樓》，上冊，頁4-24，北京：作家出版社，2006年9月。

85. 〈紅樓夢的兩個世界〉，《香港中文大學學報》，2卷1期，頁217-239，1974年6月；另又刊於《幼獅月刊》，42卷4期，頁18-27，1975年10月；《中華文化復興月刊》，9卷6期，頁9-18，1976年6月；《聯合報》，1977年12月29日，聯合副刊12版。

86. 〈為「新亞精神」進一新解〉，《新亞生活》，1卷11期，頁1-3，1974

年7月。

87. 〈章學誠的「六經皆史」說與「朱陸異同」論〉，《新亞書院學術年刊》，16期，頁109-140，1974年9月；《史學選集》，頁814-854，1976年9月。

88. 〈戴東原與伊藤仁齋〉，《食貨月刊》，4卷9期，頁369-376，1974年12月。

89. 〈關於紅樓夢的作者和思想問題的商榷〉，《紅樓夢研究專刊》，第11輯，頁49-58，1974年12月。

90. 〈《錢穆先生八十歲紀念論文集》弁言〉，收錄於錢穆先生八十歲紀念論文集編輯委會編，《錢穆先生八十歲紀念論文集》，頁壹-貳，香港：新亞研究所，1974年。

案：此文未署作者名，然實為余先生所作。

91. 〈戴震的經考與早期學術路向——兼論戴震與江永的關係〉，收錄於錢穆先生八十歲紀念論文集編輯委會編，《錢穆先生八十歲紀念論文集》，頁29-64，香港：新亞研究所，1974年。

92. 〈余英時先生來信〉，《南北極》，第56期，頁26，1975年1月。

93. 〈中國現代的民族主義和知識份子——敬悼蔣總統逝世〉，《聯合報》，1975年5月1日，聯合副刊12版；《海外學人》，第40期，頁2-7，1975年5月；《中華月報》，1975年9月號（總第720期），頁25-29，1975年9月；另刊於周陽山、楊肅獻編，《近代中國思想人物論：民族主義》，頁557-568，台北：時報文化出版公司，1980年6月。

94. 〈我對於新亞校友會的期望〉，《新亞生活》，2卷9期，頁1，1975年5月。

95. 〈戴震與清代考證學風〉，《新亞學報》，11卷下冊，頁437-492，1975年9月。

96. 〈校慶賀函——前校長余英時博士賀函〉，《新亞生活》，3卷2期，頁2，1975年10月。

97. 〈略論清代儒學的新動向——《戴震與章學誠》自序〉，《中華月報》，1975年11月號（總第722期），頁4-7，1975年11月。

98. 〈劉大中先生與新亞書院〉，《新亞生活》，3卷4期，頁1-2，1975年12月；另刊於《中國學人》，第6期，頁241-243，1977年9月。

99. 〈清代儒家知識主義的興起論〉，《清華學報》，11卷1、2期，頁105-146，1975年12月。

100. 〈清代思想史的一個新解釋〉，《中華月報》，1975年12月號（總第723期），頁5-17，1975年12月；《中華文化復興月刊》，9卷1期，頁14 -27，1976年1月；又收入項維新、劉福增主編，《中國哲學思想論集》，第5冊， 代篇，頁11-48，台北：牧童出版社，1976年8月。

101. 〈反智論與中國政治傳統——論儒、道、法三家政治思想的分野與匯流〉，《聯合報》（一至七），1976年1月19-25日，聯合副刊12版；《明報月刊》，11卷2-3期，頁2-8、24-32，1976年2-3月；又收入項維新、劉福增主編，《中國哲學思想論集》，第1冊，總論篇，頁107-150，台北：牧童出版社，1976年8月；中國通史教學研討會編，《中國通史論文選》，頁91-138，台北：華世出版社，1979年9月。

102. 〈「君尊臣卑」下的君權與相權——「反智論與中國政治傳統」餘論〉，《聯合報》，1976年4月12-16日，聯合副刊12版。

103. 〈尊重學術文化的獨立領域〉，《聯合報》，1976年10月15日，2版。

104. 〈江寧織造曹家檔案中的「西花園」考〉，《中國時報》，1976年12月24-25日，人間副刊12版。

105. 〈說鴻門宴的座次〉，《沈剛伯先生八秩榮慶論文集》，頁85-92，台北：聯經出版事業公司，1976年12月；《聯合報》，1977年1月13-14

日，聯合副刊12版。

106. 〈天變道亦變——元旦感言之一〉，《明報月刊》，12卷1期，頁7-8，1977年1月。

107. 〈懋齋詩鈔中有關曹雪芹生平的兩首詩考釋〉，《幼獅月刊》，45卷1期，頁14-18，1977年1月；《中國學人》，第6期，頁55-66，1977年9月。

108. 〈回說鴻門宴的坐次〉，《聯合報》，1977年2月7日，聯合副刊12版。

109. 〈眼前無路想回頭——再論紅樓夢的兩個世界兼答趙岡兄〉（上、下），《中華文化復興月刊》，10卷2-3期，頁56-66、69-79，1977年2-3月；此上下兩文另外在《明報月刊》分為四期發表，12卷2-5期，頁2-8、61-67、60-65、79-84，1977年2-5月；又收入余英時、周策縱、周汝昌等著，《四海紅樓》，下冊，頁385-424，北京：作家出版社，2006年9月。

110. 〈大學與中國的現代化〉，《新亞生活》，5卷5期，頁1-3，1978年1月。

111. 〈題字〉，《新亞生活》，5卷7期，頁3，1978年3月。

112. 〈中國古代知識階層的興起與發展〉，《中央研究院成立五十周年紀念論文集》，台北：中央研究院歷史語言研究所，頁231-289，1978年6月；又收入中國上古史編輯委員會編，《中國上古史．待定稿》，第四本，頁51-109，台北：中央研究院歷史語言研究所中國上古史編輯委員會，1985年7月。

113. 〈五四運動的檢討〉，《古今談》，157期，頁8-10，1978年6月。

114. 〈有感於「悼唐」風波〉，《明報月刊》，13卷8期，頁33-36，1978年8月。

115. 〈方以智晚節考補證〉，《屈萬里先生七秩榮慶論文集》，頁553-

562，台北：聯經出版事業公司，1978年10月。

116. 〈敦敏、敦誠與曹雪芹的文字因緣〉，《香港中文大學中國文化研究所學報》，9卷上冊，頁67-84，1978年。

117. 〈急不及待乎？——中國統一問題〉，《明報月刊》，14卷3期，頁97，1979年3月。（譯自1979年1月26日《紐約時報》）

118. 〈從「反智論」談起〉，《中國時報》，1979年3月14日，人間副刊12版。

119. 〈「五四運動」與中國傳統〉，《聯合報》，1979年4月21日，聯合副刊12版。

120. 〈中國史學的現階段：反省與展望——代「發刊辭」〉，《中國時報》，1979年4月20-22日，人間副刊12版；《時報週刊》，第79-80期，1979年6月3、10日；《史學評論》，第1期，頁1-24，1979年7月；《出版與研究》，第55期，頁9-18，1979年10月；又收入中華文化復興運動推行委員會主編，《中國史學論文選集》，第4輯，頁1-23，台北：幼獅文化事業公司，1981年10月；又收入王學典、陳峰編，《二十世紀中國史學史論》，頁390-406，北京：北京大學出版社，2010年1月。

121. 〈五四文化精神的反省〉，收入周策縱等，《五四與中國》，頁407-421，台北：時報文化出版公司，1979年5月。

案：此文原收錄於《文明論衡》，原題為〈五四文化精神的反省與檢討——兼論今後文化運動的方向〉。又此文前半部原為〈五四運動的再檢討〉（《人生》，7卷12期，頁3-4、6，1954年5月），後半部則為〈五四文化精神的反省——兼論今後文化運動的方向〉（《自由陣線》，22卷11期，頁5-6、22，1955年5月）。

122. 〈名教危機與魏晉士風的轉變〉，《食貨月刊》，9卷7、8期合併，頁

247-268，1979年11月。

123. 〈方以智死節新考〉，《明報月刊》，14卷12期，頁10-13，1979年12月。

124. 〈方以智晚節考新證〉，《新亞學術集刊》，第2期，頁1-13，1979年。

125. 〈跋方以智死節新考〉，《新亞學術集刊》，第2期，頁15-20，1979年。

126. 〈曹雪芹的反傳統思想〉，《中國時報》，1980年8月18-19日，8版；又收錄於余英時、周策縱等，《曹雪芹與紅樓夢》，頁14-33，台北，里仁書局，1985年1月。

127. 〈知識份子的特性與責任〉，余英時、周策縱、陶晉生、王聿均講述，《聯合報》，1980年8月25日，2版。

128. 〈道統與政統之間：中國知識份子的原始型態〉，《中國時報》，1980年11月22-25日，8版；又刊載於《中央研究院國際漢學會議論文集：歷史考古組》，中冊，頁925-944，台北：中央研究院歷史語言研究所，1981年10月；中華文化復興運動推行委員會主編，《中國史學論文選集》，第5輯，頁179-214，台北：幼獅文化事業公司，1984年3月。

129. 〈從中國的觀點看毛澤東的歷史位置〉，《明報月刊》，16卷2期，頁28-30，1981年2月。

130. 〈試論中國文化的重建問題〉，《海外學人》，第104期，頁2-14，1981年3月。

131. 〈顧頡剛、洪業中國現代史學〉，《聯合報》，1981年4月25日，8版；另刊於《明報月刊》，16卷5期，頁57-61，1981年5月；又收錄於顧潮編，《顧頡剛學記》，頁34-42，北京：三聯書店，2002年5月。

132. 〈顧頡剛的史學與思想補論——兼答唐文標先生的「文字障」〉，《聯合月刊》，第2期，頁80-82，1981年9月。

133. 〈革命尚未成功，同志仍須努力——從思想史角度看辛亥革命〉，《聯合報》，1981年10月10日，國慶特稿15版。

134. 〈從史學看傳統——《史學與傳統》序〉，《中國時報》，1981年12月27-29日，8版；另刊於《幼獅學誌》，16卷4期，頁13-24，1981年12月；《明報月刊》，17卷1期，頁107-111，1982年1月。

135. 〈翻譯與外來觀念〉，收入黃進興、康樂編，《歷史學與社會科學》，頁5-15，台北：華世出版社，1981年12月。

136. 〈「水能載舟，亦能覆舟」〉，《明報月刊》，17卷1期，頁14-17，1982年1月。

137. 〈中國國民黨與思想現代化〉，《中央月刊》，14卷5期，頁30-35，1982年3月。

138. 〈血淚凝成真精神〉，《中國時報》，1982年4月2日，人間副刊8版。

139. 〈意識形態與中國現代思想史〉，《中國時報》，1982年8月11-16日，人間副刊8版；又收錄於時報文教基金會編，《近代中國的變遷與發展》，頁136-158，台北：時報文化出版公司，2002年7月。

140. 〈學術思想與意識形態〉，《明報月刊》，17卷8期，頁18-25，1982年8月。

141. 〈中央研究院的功能與院士選舉〉，《中央月刊》，14卷10期，頁20-21，1982年8月。

142. 〈香港問題私議〉，《明報月刊》，17卷11期，頁5-6，1982年11月

143. 〈陳寅恪的學術精神和晚年心境〉（上、下），《明報月刊》，18卷1-2期，頁17-25；16-28，1983年1-2月；，《中國時報》，1983年3月18-20、22-29日，人間副刊8版。

144. 〈清代學術思想史重要觀念通釋〉，《史學評論》，第5期，頁19-98，1983年1月。

145. 〈民族意識與國家觀念〉，《中國時報》1983年3月2-3日；又刊於《明報月刊》，18卷12期，頁3-7，1983年12月2版。

146. 〈中國近代思想史上的胡適——《胡適之先生年譜長編初稿》序〉（一至十一），《聯合報》，1983年5月4-14日，副刊8版；另分三期刊於《明報月刊》，18卷5-7期，頁19-31、32-36、85-90，1983年5-7月；此文另分上下篇刊於《傳記文學》，44卷5-6期，頁54-6、101-113，1984年5-6月。

147. 〈年譜學與現代的傳記觀念〉，《傳記文學》，42卷5期，頁10-15，1983年5月。

148. 〈傳統文化與現實政治〉，《聯合月刊》，第23期，頁69-75，1983年6月。

149. 〈陳寅恪晚年詩文釋證〉（上、下），《明報月刊》，19卷7-8期，頁3-10、17-25，1983年7-8月。

150. 〈中國古代死後世界觀的演變〉，《中國時報》，1983年9月2-6日，人間副刊8版；《明報月刊》，18卷9期，頁12-20，1983年9月；《聯合月刊》，第26期，頁81-89，1983年9月。

151. 〈陳寅恪晚年心境新證〉（上、下），《明報月刊》，19卷10-11期，頁9-13、13-20，1983年10-11月；另刊於《中國時報》，1984年11月13-17日，人間副刊8版。

152. 〈《中國哲學史大綱》與史學革命〉，《聯合月刊》，第27期，頁110-113，1983年10月。

153. 〈國家觀念與民族意識〉（上、下），《中國時報》，1983年12月2-3日，2版。

154. 〈從價值系統看中國文化的現代意義——中國文化與現代生活總論〉，《中國時報》，1984年1月1日，14、15版。

155. 〈再論學術思想與意識形態〉（上、下），《明報月刊》，19卷3、4期，頁38-47、4-10，1984年3、4月。

156. 〈從心理與文化層面看意識形態〉，《中國時報》，1984年5月13日，人間副刊8版。

157. 〈文化建設私議——人文學術的研究是當務之急〉（上、中、下），《中國時報》，1984年5月23-25日；3、2、3版。

158. 〈哈伯瑪斯「批判理論」與意識形態〉，《中國時報》，1984年6月13-15日，人間副刊8版；又刊於《中山社會科學學報》，8卷1期，頁1-16，1994年春。

159. 〈讀陳寅恪先生寒柳堂集感賦二律〉，《明報月刊》，19卷6期，頁8，1984年6月。

160. 〈壽錢賓四師九十並序〉，《中央日報》，1984年7月12日，副刊12版；《明報月刊》，19卷7期，頁29，1984年7月；《史學評論》，第8期，1984年7月（未標頁碼）；《新亞生活》，12卷1期，頁3，1984年9月；《新亞學報》，第15卷，《錢穆先生九秩榮慶論文集》，1986年6月。（未標頁碼）

案：《中央日報》、《史學評論》與《新亞學報》所載者未附序。

161. 〈陳寅恪的「欠斫頭」詩文發微〉，《聯合報》，1984年7月19-20日，聯合副刊8版。

162. 〈道統與政統之間〉，《中國文化月刊》，第60期，頁102-128，1984年10月。

163. 〈中國知識分子的創世紀〉（上、下），《聯合文學》，1卷2-3期，頁10-13、10-16，1984年12月-1985年1月；又收入余英時等著，《挑戰

與再生》，頁33-62，台北：幼獅文化事業公司，1985年4月。

164. 〈一葉知秋——中共批判馬克思主義的始點〉（上、下），《中國時報》，1985年2月5-6日，3版。

165. 〈「著書今興洗煩冤」——汪榮祖先生「謄有文章供笑罵」讀後〉，《中國時報》，1985年3月9-15日，人間副刊8版。

166. 〈二次戰後人類社會〉，《中央日報》，1985年3月19-20日，2版。

167. 〈台灣、香港、大陸的文化危機與趣味取向〉，《明報月刊》，20卷4期，頁3-7，1985年4月；《聯合報》，1985年4月11日，2版，題為〈香港和大陸文化危機與趣味取向〉；《中國時報》，1986年1月1日，人間副刊8版，題為〈文化危機與趣味取向〉；又刊於《中國地方文獻協會年刊》，頁12-16，1987年3月。

案：《明報月刊》與《中國時報》所刊二文較全，然中間略有不同，《聯合報》所載者則僅為《明報月刊》所刊文之後半部。

168. 〈如何解決劉案的後遺症〉，《中國時報》，1985年4月22日，3版。

169. 〈方以智自沉惶恐灘考〉（上、下〉，《明報月刊》，20卷4-5期，頁37-43、32-36，1985年4-5月。

170. 〈「常僑居是山，不忍見耳」—— 談我的「中國情懷」〉，《聯合報》，1985年6月11日，聯合副刊8版；《明報月刊》，20卷6期，頁3-5，1985年6月。

171. 〈韋伯觀點與「儒家倫理」序說〉，《中國時報》，1985年6月19日，人間副刊8版。

172. 〈儒家精神與商人精神〉，《聯合報》，1985年6月20-21日，2版；《中國時報》，吳齊仁整理，1985年6月20日，人間副刊8版。

案：此文為余先生於1985年6月19日在新竹清華大學發表的專題演講，其時台北各大報皆有刊載，惟《聯合報》所載是經余先生親自校補，

故較為詳細。

173. 〈魏晉與明末文人思想、生活的比較——六月二十三日在清華大學演講全文〉，《聯合報》，1985年6月25日，聯合副刊8版。

案：此演講內容又刊登於《中國時報》，1985年6月24-25日，人間副刊8版，題為〈魏晉與明清文人生活與思想之比較〉（吳齊仁整理）。

174. 〈天下為公和領袖人才的培養〉，《聯合報》，1985年8月27日，3版。

175. 〈中共接班運動的歷史意義〉（上、下），《中國時報》，1985年9月25-26日，2版；又刊載於《中國大陸研究教學參考文摘》，第21期，頁12-18，1985年10月。

176. 〈「弦箭文章那日休」？〉，《明報月刊》，20卷10期，頁33-37，1985年10月。

177. 〈文史互證，顯隱交融——談怎樣通解陳寅恪詩文中的「古典」和「今情」〉，《聯合報》，1985年10月18-20日，8版。

178. 〈《儒道天論發微》序〉，收錄於傅佩榮，《儒道天論發微》，台北：台灣學生書局，頁i-iii，1985年10月；另刊於《中國書目季刊》，19卷3期，頁27-28，1985年12月。

179. 〈儒家君子的理想〉，《明報月刊》，20卷11期，頁40-46，1985年11月。

180. 〈中國近世宗教倫理與商人精神〉，《知識份子》，2卷2期（1985年冬季號），頁3-45，1985年冬。

181. 〈「星星之火可以燎原！」〉，《中國時報》，1986年1月1日，2版。

182. 〈「對塔說相輪」——談現代西方的思想動態〉，《聯合報》，1986年1月1日，聯合副刊8版；《明報月刊》，21卷1期，頁 6-10，1986年1月；另刊於《鵝湖月刊》，13卷2期，頁6-11，1987年8月。

183. 〈時報文化基金會成立祝詞〉，《中國時報》，1986年3月1日，2版。

184. 〈虎年說風——丙寅為中華民國祝新歲〉，《聯合報》，1986年3月4-5日，2版；另刊於《聯合月刊》，第56期，頁8-11，1986年3月，題為〈虎年說風——丙寅為中華民國祝新歲、進諍言〉。

185. 〈對《當代》的期待〉，《中國時報》，1986年5月5日，人間副刊8版。

186. 〈消融歧見，相忍謀國〉，《聯合報》，1986年5月26日，2版。

187. 〈關於韋伯、馬克思與中國史研究的幾點反省——《中國近世宗教倫理與商人精神》自序〉，《明報月刊》，21卷5期，頁11-18，1986年5月。

188. 〈敬業的精神——為《百姓》創刊五周年作〉，《百姓》半月刊，第121期，頁 30-31，1986年6月。

189. 〈對塔說相輪」補篇——對評者的答覆〉，《明報月刊》，21卷6期，頁19-25，1986年6月；另刊於《鵝湖月刊》，13卷2期，頁19-27，1987年8月。

190. 〈漢代循吏與文化傳播・上：文化篇〉，《九州學刊》，1卷1期，頁9-24，1986年9月；《聯合報》，1987年1月10-14日，聯合副刊8版。

191. 〈「用志不分，乃凝於神」——吳清源《以文會友》讀後〉，《明報月刊》，21卷10期，頁29-30，1986年10月。

192. 〈明明直照吾家路〉，《中國時報》，1986年11月26日，人間副刊8版。

193. 〈漢代循吏與文化傳播・中：循吏篇（上）〉，《九州學刊》，1卷2期，頁1-22，1986年12月。

194. 〈關於「新教倫理」與儒學研究〉，《九州學刊》，1卷2期，頁103-107，1986年12月。

195. 〈漢代循吏與文化傳播・下：循吏篇（下）〉，《九州學刊》，1卷3

期，頁1-22，1987年3月。

196. 〈跋新發現的陳寅恪晚年的兩封信〉，《明報月刊》，22卷4期，頁81-87，1987年4月；另刊於《當代》，第12期，頁84-92，1987年4月。

197. 〈廣乖離論——國史上分裂時期的家族關係〉，《聯合報》，1987年9月23-24日，聯合副刊8版。

198. 〈欲超勝負入中年——林海峰紐約名人戰紀感〉，《聯合報》，1987年9月28日，聯合副刊 8版。

199. 〈略說中西知識分子的源流與異同：《士與中國文化》自序〉，《九州學刊》，2卷1期，頁1-8，1987年9月。

200. 〈結合海外菁英發揚中國文化評審後的感想〉，《中國時報》，1987年10月2日，2版。

201. 〈「窮則變 變則通」：二十一世紀將是中國人的世紀〉，《中國時報》，1988年1月1日，人間副刊18版。

202. 〈建立新的文化價值標準〉，《中央日報》，1988年1月2日，2版。

203. 〈前瞻和期待——為中國史開新局〉，《聯合報》，1988年1月2日，2版。

204. 〈和衷共濟，建立新秩序〉，《聯合報》，1988年1月14日，2版。

205. 〈以建立民主的新秩序告慰經國先生〉，《中國時報》，1988年1月15日，3版。

206. 〈和平理性、必然的統一之路——為「三民主義統一中國」進一新解〉，《聯合報》，1988年1月20日，3版。

207. 〈吾見其進，未見其止——經國先生的現實與理想〉，《中央日報》，1988年1月26日，2版。

208. 〈國民黨的新機運〉，《中國時報》，1988年1月28日，2版。

209. 〈談歷史知識及普及化的問題〉，《中央日報》，1988年1月29日，中

央副刊8版。

210. 〈充實中央民意機構方案兼顧法統與實際需要〉，《中央日報》，1988年2月4日，2版。

211. 〈夫惟不居，是以不去——黨政分離與公平競爭〉，《聯合報》，1988年2月9日，2版。

212. 〈兩岸文化交流此其時矣！〉，《聯合報》，1988年3月11日，2版。

213. 〈「創新」與「保守」〉，《中央日報》，1988年3月26日，18版。

214. 〈三民主義與中國統一〉，《中央日報》，1988年4月9日，3版。

215. 〈我所承受的五四遺產〉，《中國時報》，1988年5月3日，人間副刊18版。

216. 〈傳統文化與現實政治〉（上、中、下），《聯合報》，1988年5月29-31日，2版。

217. 〈世界新體系下台灣的兩大課題——寫在「迎接挑戰開創新政」研討會舉行首日〉，《中國時報》，1988年6月1日，2版。

218. 〈一篇有血有淚的動人文字——項武忠「釣運的片段回憶並寄語青年朋友」讀後感〉，《中國時報》，1988年6月2日，人間副刊18版。

219. 〈談海峽兩岸關係〉，《中央日報》，1988年6月11日，3版。

220. 〈儒家倫理與商人精神〉（上、下），《聯合報》，1988年6月20-21日，2版。

221. 〈文化層次的對話而不談判，大陸政策必須重新檢討〉，《中央日報》，1988年7月2日，2版。

222. 〈民主罪言，台灣解嚴一週年獻詞〉，《聯合報》，1988年7月2日，2版。

223. 〈吾曹不出如蒼生何」的梁漱溟先生〉，《百姓》半月刊，第172期，頁17，1988年7月。

224. 〈民主與文化重建〉（上、下），《聯合報》，1988年8月17-18日，2版；又收入高英茂編，《二十一世紀基金會成立紀念論文集》，頁219-230，台北：二十一世紀基金會，1988年8月。

225. 〈現代儒學的困境〉，《中國時報》，1988年8月29日，人間副刊18版。

226. 〈「三年有成」——時報文化基金會第三屆獎學金評審會議感言〉，《中國時報》，1988年10月2日，2版。

227. 〈當斷不斷，反受其亂——論雙向交流的大陸政策〉，《中央日報》，1988年11月2日，3版。

228. 〈航向九〇年代〉，《聯合報》，1989年1月2日，特刊6-7版。

229. 〈大陸民主運動的再出發〉，《中國時報》，1989年2月25日，3版。

230. 〈大陸民主運動的新突破——布希北京之行的意外收穫〉，《聯合報》，1989年2月28日，3-4版。

231. 〈「五四」的吸引力〉，《聯合報》，1989年5月4日，五四特刊24版；《歷史月刊》，第16期，頁33-57，1989年5月。

232. 〈「五四」重回知識分子的懷抱〉，《中國時報》，1989年5月5-6日，人間副刊23版；又收入周陽山主編，《從五四到新五四》，頁622-632，台北：時報文化出版公司，1989年6月。

233. 〈「天地變化草木蕃」——大陸「新五四」運動偉大成就〉，《聯合報》，1989年5月23日，5版；另刊於《從五四到新五四》，頁635-643，台北：時報文化出版公司，1989年6月。

234. 〈槍彈只能殺人，不能扼殺民主怒潮——寫在共軍硬闖天安門血腥鎮壓大陸民主運動之夜〉，《中國時報》，1989年6月4日，6版；又收入《國是問題研析》，系列九，《民主與自由的怒吼：論中共血腥鎮壓民主運動》，頁1-8，台北：行政院新聞局，1989年6月。

235. 〈四十年的矛盾與悲劇——一個集權的政黨正在解體之中〉，《中國時報》，1989年9月27日，3版。

236. 〈民主乎？獨立乎？〉，《聯合報》，1989年12月2日，4版。

237. 〈民主運動與領袖人才〉，《中國時報》，1989年12月27日，人間副刊31版。

238. 〈一九八九年世變的啟示〉，《聯合報》，1990年1月1日，元旦特刊6版。

239. 〈台灣的認同與定位——一個歷史的觀察〉，《中國時報》，1990年2月11日，7版。

240. 〈論文化超越〉，《中國時報》，1990年2月13-15日，人間副刊31版；另刊載於《學術集林》，第1卷，頁93-109，上海：遠東出版社，1994年8月。

241. 〈全體起立，面子政治化〉，《聯合報》，1990年2月13日，3版。

242. 〈《走向民主政治：嚴家其中國政治論文集》序〉，收錄於嚴家其，《走向民主政治：嚴家其中國政治論文集》，頁1-6，台北：時報文化出版公司，1990年2月；另刊於《當代》，第51期，頁86-90，1990年7月，題為〈海峽彼岸的「兩個中國」——《嚴家其政治論集》序〉，另附有〈作者按語〉，頁84-85。

243. 〈「以仁心說，以學心德，以公心辯」〉，《中國時報》，1990年3月5日13版；《新聞評議》，第184期，頁7-8，1990年4月。

244. 〈危機與轉機——可望可及的新理想主義：對李總統的兩點期待〉，《聯合報》，1990年3月21日，特刊7版。

245. 〈中國近代思想史中的激進與保守〉（上、中、下），《歷史月刊》，第29-31期，頁135-146、106-111、132-136，1990年5、7、8月。

246. 〈全面「異化」的一年〉，《聯合報》，1990年6月3日，「六四事件周

年特刊」7版。

247.〈「破山中賊易，破心中賊難」〉，《九十年代》，第245期，頁40-41，1990年6月。

248.〈為《九十年代》台灣版寫幾句話〉，余英時等，《九十年代》，第245期，頁116-117，1990年6月。

249.〈學者應另尋空間發揮影響力〉，《中國時報》，1990年7月4日，3版。

250.〈一生為故國招魂——敬悼錢賓四師〉，《聯合報》，1990年9月6-7日，聯合副刊29版；另刊於《新亞生活》，22卷9期，頁4-5，1995年5月。（節錄）

251.〈「猶記風吹水上鱗」——敬悼錢賓四師〉，《中國時報》，1990年9月26日，人間副刊31版；另刊載於《錢穆紀念館館刊》，第1期，頁18-24，1993年6月。

252.〈政府和社會的諍友——中國時報四十周年獻詞〉，《中國時報》，1990年9月29日，3版。

253.〈周禮考證和周禮的現代啟示〉，《新史學》，1卷3期，頁1-27，1990年9月；另刊於《中國文化》（風雲時代），第3期，頁174-183，1990年12月，改題為〈周禮考證和周禮的現代啟示——金春峰《周官之成書及其反映的文化與時代新考》序〉；又收錄於金春峰，《周官之成書及其反映的文化與時代新考》，頁1-26，台北：東大圖書公司，1993年11月。

254.〈吳君火獅行誼〉，收錄於黃進興，《半世紀的奮鬥：吳火獅先生口述傳記》，頁316-319，台北：允晨文化實業公司，1990年10月。
案：此文作於1986年12月8日。

255.〈胡適與中國的民主運動——紀念胡適一百虛歲的生日〉，《聯合

報》，1990年12月18日，聯合副刊25版。

256. 〈待從頭，收拾舊山河〉，《二十一世紀》，第2期，頁5-7，1990年12月。

257. 〈誰期海外發新枝——敬悼楊聯陞先生〉（一至四），《中國時報》，1991年1月22、24-26日，人間副刊27版。

258. 〈人權思想的歷史回顧〉，余英時等，《民主中國》，第6期，頁50-57，1991年2月。

259. 〈「士魂商才」——中國近世宗教倫理與商人精神日譯本自序〉，《二十一世紀》，第5期，頁107-109，1991年6月。

260. 〈世界解構兩岸解凍〉，《天下雜誌》，第121期，頁76-83，1991年6月。

261. 〈我的讀書方法——怎樣讀中國書〉，《中國時報》，1990年7月26日，讀書生活38版；又刊於《山東大學研究生學志》，2005年1期，頁98-100，2005年3月。

262. 〈思想交流及其文化後果〉，收錄於陳奎德主編，《中國大陸當代文化變遷（1979-1989）》，頁1-6，台北：桂冠圖書股份有限公司，1991年7月。

263. 〈中國知識分子的邊緣化〉，《二十一世紀》，第6期，頁15-25，1991年8月。

264. 〈報運與國步——為聯合報創刊四十周年作〉，《聯合報》，1991年9月16日，四十周年特刊33版。

265. 〈資本主義的新啟示——《資本主義與廿一世紀》序〉，收錄於黃仁宇，《資本主義與廿一世紀》，頁i-vii，台北：聯經出版事業公司，1991年11月；又刊於《聯合報》，1991年11月12日， 合副刊25版，題為〈重回文明的正流——談黃仁宇的「資本主義與二十一世紀」〉。

案：二文大體一致，然仍略微有些不同。

266. 〈費正清與中國〉（一至十一），《中國時報》，1991年12月16-26日，人間副刊；又收錄於傅偉勳、周陽山主編，《西方漢學家論中國》，頁1-44，台北：正中書局，1993年4月，題為〈開闢美國研究中國史的新領域——費正清的中國研究〉。

267. 〈和平演變與中國遠景〉，《中國時報》，1992年1月5日，2版。

268. 〈中國未來八人談〉，余英時等，《中國政情》，第1期，頁26-29，1992年4月。

269. 〈陳獨秀與激進思潮——《陳獨秀與中國共產黨主義運動》序〉，收錄於郭成棠，《陳獨秀與中國共產黨主義運動》，頁3-12，台北：聯經出版事業公司，1992年1月；又刊於《歷史月刊》，第47期，頁81-87，1991年12月，題為〈陳獨秀與中國共產主義〉。

270. 〈海洋中國的尖端——台灣〉，《聯合報》，1992年2月1日，聯合副刊25版。

271. 〈中國知識人之史的考察〉，《中華文化的過去、現在和未來：中華書局成立八十週年紀念論文集》，頁458-476，北京：中華書局，1992年3月。

272. 〈再論中國現代思想中的激進與保守——答姜義華先生〉，《二十一世紀》，第10期，頁142-149，1992年4月。

273. 〈民間社會與中國傳統〉（上、中、下），《中國時報》，1992年6月10-12日，人間副刊27版。

274. 〈六四過後的浮想〉，《聯合報》，1992年6月19日，聯合副刊43版。

275. 〈談魯迅與周作人〉，《中國時報》，1992年7月30日，人間副刊27版；《明報月刊》27卷8期，頁33-34，1992年8月。

276. 〈通過和平方式重回文明正流——《試論和平演進》讀後感〉，《百

姓》半月刊，第267期，頁8-9，1992年7月；又收入許家屯，《試論和平演進：世界社會主義運動低潮後的反思（及名家評論）》，頁130-136，香港：百姓文化事業公司，1992年10月。

277. 〈《鄧小平帝國》序〉，收錄於阮銘，《鄧小平帝國》，頁i-iv，台北：時報文化出版公司，1992年8月。

278. 〈錢穆與新儒家〉，《中國文化》（風雲時代），第6期，頁1-23，1992年9月；《新亞學報》，16卷（下冊），《紀念錢穆先生論文集》，頁99-128，1993年2月。

279. 〈馬克思主義在近代中國的發展〉，《哲學雜誌》，第2期，頁2-9，1992年9月。

280. 〈明清變遷時期社會與文化的轉變〉，收入余英時等著，《中國歷史轉型時期的知識分子》，頁35-42，台北：聯經出版事業公司，1992年9月。

281. 〈代前言——開幕詞〉，收入蘇曉康主編，《從五四到河殤》，頁1-2，台北，風雲時代出版公司，1992年9月。

282. 〈中國大陸之外的中國文化〉，收入蘇曉康主編，《從五四到河殤》，頁39-45，台北，風雲時代出版公司，1992年9月。

283. 〈談郭沫若的古史研究：莫道人間總不知〉（上、中、下），《中國時報》，1992年10月21-23日，人間副刊27版；《明報月刊》，27卷10期，頁28-35，1992年10月。

284. 〈《魏晉清談》序〉，收錄於唐翼明，《魏晉清談》，頁1-12，台北：東大圖書公司，1992年10月。

285. 〈歷史女神的新文化動向與亞洲傳統的再發現〉，吳秀玲譯，《九州學刊》，5卷2期，頁5-18，1992年10月。

286. 〈章學誠文史校讎考論〉，《歷史語言研究所集刊》，第64本第1分，

頁205-221，1993年3月；又收在《中國文化》（風雲時代），第10期，頁27-36，1994年8月；四川大學歷史系編，《冰繭彩絲集：紀念繆鉞教授九十壽辰暨從教七十年論文集》，頁493-514，成都：成都出版社，1994年。

287. 〈王僧虔誡子書與南朝清談考辨〉，《中國文哲研究集刊》，第3期，頁173-196，1993年3月；另刊於《中國文化》第（風雲時代），第8期，頁22-31，1993年6月。

288. 〈中國近百年價值觀的變遷〉，《明報月刊》，28卷4期，頁60-66，1993年4月。

289. 〈香港與中國學術研究〉，《二十一世紀》，第17期，頁4-7，1993年6月。

290. 〈群己之間——中國現代思想史上的兩個循環〉，《明報月刊》，28卷8期，頁106-108，1993年8月。

291. 〈民主、天安門與兩岸關係——一位母親的來信〉（上、下），《中國時報》，1993年9月7-8日，人間副刊27版。

292. 〈打天下的光棍——毛澤東與中國史〉（一至四），《中國時報》，1993年10月23-26日，人間副刊27版。

293. 〈人文研究斷源頭——泛政治化最可愛〉，《聯合報》，1993年12月25日，4版。

294. 〈民主化，重新整裝待發——從中國國家與社會關係看二十一世紀中國民主化的前途〉，《聯合報》，1993年12月28日，3版。

295. 〈曾國藩與士大夫之學〉，《故宮學術季刊》，11卷2期，頁79-95，1993年12月。

296. 〈談「天地君親師」的起源〉，《中央日報》，1994年1月26日，中央副刊16版。

297. 〈《當代中國研究》出版祝詞〉，《當代中國研究》第40期，頁10-11，1994年1月。

298. 〈記艾略特與中國學社的緣起〉，《中央日報》，1994年2月7日，中央副刊16版。

299. 〈對革命的盲目崇拜——廿世紀中國現代化的障礙〉，《中國時報》，1994年6月26日，10版。

300. 〈「六四」幽靈在中國大陸遊蕩——「六四」五周年紀念〉，《信報財經月刊》，18卷3期，頁16-20，1994年6月。

301. 〈當前關於文化爭議的新啟示〉，《聯合報》，1994年7月8日，11版。

302. 〈談周恩來〉，《中國時報》，1994年7月14日，人間副刊39版。

303. 〈《費正清論中國：中國新史》序〉，收錄於費正清（John King Fairbank）著、薛絢譯，《費正清論中國：中國新史》，台北：正中書局，1994年7月，未標頁碼。

304. 〈試論林語堂的海外著述〉，《聯合報》，1994年10月8-9日，聯合副刊37版。

305. 〈《錢穆與中國文化》自序〉，《學術集林》，第2卷，上海：遠東出版社，頁 223-229，1994年12月。

306. 〈《兩極化與分寸感》序〉，收錄於劉笑敢，《兩極化與分寸感》，頁1-10，台北：東大圖書公司，1994年12月。

307. 〈讀《毛澤東私人醫生回憶錄》——在塌上亂天下的毛澤東〉（一至四），《中國時報》，1995年1月12-15日，人間副刊39版。

308. 〈鄧小平時代及其終結〉，《聯合報》，1995年2月12日，6版。

309. 〈我走過的路〉，《關西大學中國文學會紀要》，第16號，頁1-9，1995年3月；又收錄於正中書局主編，《我把讀書變簡單了》，頁2-17，台北：正中書局，1997年4月；又收錄於陳致訪談，《余英時訪

談錄》，頁1-12，北京：中華書局，2012年3月；台北：聯經出版事業公司，2021年9月。

310. 〈一位歸國學人淒涼的一生——李志綏逝世引起的感想〉，《開放》，總第99期，頁29-31，1995年3月。

311. 〈追憶牟宗三先生〉，《中國時報》， 1995年4月20日，人間副刊39版。

312. 〈蔣夫人貢獻備受美國推崇肯定〉，《中央日報》，1995年5月2日，2版。

313. 〈儒家思想與日常人生〉（上、下），《中國時報》，1995年5月23-24日，人間副刊39版。

314. 〈日本的侵略改變了中國的命運〉，《中國時報》，1995年7月5日，2、4版；又刊於《信報財經月刊》，19卷5期，頁3-7，1995年8月，題為〈日本侵略與中國命運——抗日戰爭的探源與溯流〉。

315. 〈求知的故事〉，《聯合報》，1995年7月25日，聯合副刊37版。

316. 〈近代儒家與民主〉，《民主中國雙月刊》，第28期，頁10-12，1995年7月。

317. 〈現代儒學的回顧與展望——從明清思想基調的轉換看儒學的現代發展〉，《中國文化》，第11期，頁1-25，1995年7月；又收錄於胡適等著，《大師說儒》，頁252-303，汕頭：汕頭大學出版社，2008年8月。

318. 〈中國史上政治分合的基本動力〉，《中國歷史上的分與合學術研討會論文集》，頁9-15，台北：聯經出版事業公司，1995年9月。

319. 〈解除緊張感建立新秩序——兩岸現狀的分析〉（上、中、下），《自由時報》，1995年8月2-4日，2、4版。

320. 〈且聽下回分解〉，《開放》，總第105期，頁44，1995年9月。

321. 〈談中國當前的文化認同問題〉，《二十一世紀》，第31期，頁13-15，1995年10月。

322. 〈邀魏京生來台北過年〉，《聯合報》，1996年2月2日，34版。

323. 〈惕老，中國報業史上的巨人〉，《聯合晚報》，1996年3月11日，3版。

324. 〈「我自巋然不動！」〉，《中央日報》，1996年3月12日，2版。

325. 〈重啟兩岸學術交流之門〉，《自由時報》，1996年3月24日，6版。

326. 〈飛彈下的選舉——民主與民族主義之間〉，《中國時報》，1996年3月29日，11版。

327. 〈文化危機與民族認同〉，《學術集林》，第7卷，頁63-92，上海：遠東出版社，1996年4月。

328. 〈海峽危機今昔談〉，《中國時報》，1996年5月10日，35版；又刊於《九十年代》，第322期，頁98-100，1996年11月。（節錄）

329. 〈中國思想史上最難索解的一頁〉，《聯合報》，1996年5月12日，37版。

330. 〈《朱熹的思維世界》序〉，收錄於田浩（Hoyt Cleveland Tillman），《朱熹的思維世界》，頁3-8，台北：允晨文化實業公司，1996年5月；頁1-5，西安：陝西師範大學出版社；2002年8月；頁1-5，南京：江蘇人民出版社，2009年9月，增訂版。

331. 〈《五四後人物、思想論集》序〉，收錄於劉笑敢等著，《五四後人物、思想論集》，台北：正中書局，1996年5月，未標頁碼。

332. 〈從「六四」談中共愈箝愈緊的思想控制〉，《中央日報》，1996年6月4日，2版。

333. 〈提防文革借民族主義還魂〉，《明報月刊》，31卷6期，頁11-12，1996年6月。

334. 〈普大演出批鬥大會——出席吳弘達演講會有感〉，《開放》，總第114期，頁30-31，1996年6月。

335. 〈大陸「陳寅恪熱」的新收穫——從《陳寅恪的最後二十年》談起〉，《聯合報》，1996年7月1-2日，聯合副刊37版；另刊於《明報月刊》，31卷7期，頁64-67，1996年7月，題為〈後世相知或有緣——從《陳寅恪的最後二十年》談起〉。

336. 〈明清小說與民間文化——《和風堂新文集》序〉，《聯合文學》，12卷11期，頁14-26，1996年9月；又收錄於柳存仁，《和風堂新文集》，頁1-23，台北：新文豐出版公司，1997年6月。

337. 〈中國史學界的樸實楷模——敬悼嚴耕望學長〉，《聯合報》，1996年10月22-23日，37版；又收入嚴耕望先生紀念集編輯委員會編，《充實而有光輝：嚴耕望先生紀念集》，頁35-44，台北：稻禾出版社，1997年12月；《學術集林》，第12卷，頁382-390，1997年12月。

338. 〈漂流文學與知識人「寧鳴不默」的精神——《西尋故鄉》序〉，《明報月刊》，31卷12期，頁83-85、91，1996年12月；又刊於《聯合報》，1997年4月29日，聯合副刊41版，改題為：〈漂流：古今中外知識人的命運——劉再復《西尋故鄉》序）；又收錄於劉再復，《西尋故鄉》，頁1-8，香港：天地圖書公司，1997年。

339. 〈堅持一天是一天〉，《開放》，總第120期，頁42，1996年12月。

340. 〈陳寅恪的儒學實踐〉，《中大人文學報》，第1卷，頁135-159，1997年1月。

341. 〈人權是鄧後最嚴重問題〉，《中央日報》，1997年2月21日，3版。

342. 〈「治天下」強人之死，結束「革命」時代〉，《聯合報》，1997年2月21日，3版；另刊於《光華雜誌》，22卷3期，「鄧小平去世文選」，頁36-37，1997年3月。

343.〈說民主與制衡〉，《中國時報》，1997年5月14日，2版。

344.〈一個值得紀念的新開端——《民族主義與中國前途》序〉，《爭鳴》，第235期，頁78-80，1997年5月；《北京之春》，第49期，頁83-84，1997年6月；又收錄於王鵬令主編，《民族主義與中國前途》，頁1-8，台北：時英出版社，1997年8月。

345.〈《郭廷以、費正清、韋慕庭：台灣與美國學術交流個案初探》序〉，收錄於張朋園，《郭廷以、費正清、韋慕庭：台灣與美國學術交流個案初探》，頁i-vi，台北：中央研究院近代史研究所，1997年5月。

346.〈《煮酒論思潮》序〉，收錄於陳奎德，《煮酒論思潮》，頁1-8，台北：東大圖書公司，1997年5月；又刊載於《北京之春》，第50期，頁83-85，1997年7月。

347.〈九七思前想後〉，《二十一世紀》，第41期，頁4-8，1997年6月。

348.〈香港的政治變局與社會變遷〉，《聯合報》，1997年6月20日，3、11版。

349.〈中國和平統一的近景與遠景——評林碧炤中國統一與世界新秩序〉，馬鶴凌編著，《中國統一與世界和平：中華民族為「萬世開太平」的理念與構想》，頁44-50，台北：臺灣中華書局，1997年6月。

350.〈國大修憲取消教科文預算下限〉，《聯合報》，1997年7月23日，4版。

351.〈英國合法撤退香港——談「一九九七」七月一日的歷史意義〉，《開放》，總第127期，頁67-69，1997年7月。

352.〈現代儒學的困境〉，收錄於杜維明主編，《儒學發展的宏觀透視：新加坡一九八八年儒學群英會紀實》，頁28-34，台北：正中書局，1997年7月。

353.〈一部中國人的必讀書〉，收錄於魏京生，《魏京生獄中書信集》，

頁13-16，台北：時報文化出版公司，1997年10月；又刊登於《九十年代》，第334期，頁89-90，1997年11月。

354. 〈爭鳴必將作出更大貢獻〉，《爭鳴》，第241期，頁6，1997年11月。

355. 〈試述陳寅恪的史學三變〉，《當代》，第123期，頁18-43，1997年11月；另刊於《中國文化》（風雲時代），第15、16期合刊，頁1-19，1997年12月，題作〈陳寅恪史學三變〉。

356. 〈東西方漢學和《東西方漢學思想史》〉，《明報月刊》，32卷12期，頁110-111，1997年12月；《世界漢學》，第1期，頁190-193，1998年5月；又收錄於劉正，《海外漢學研究》，頁1-4，武漢：武漢大學出版社，2002年6月；及劉正，《圖說漢學史》，頁1-4，桂林：廣西師範大學出版社，2005年7月。

案：此文為劉正著作之序。

357. 〈陳寅恪研究因緣記——《陳寅恪晚年詩文釋證》增訂本書成自述〉，《中國研究》，第32期，頁4-9，1997年12月；《中國研究》（日本），第33期，頁1-6，1998年1月；《當代》，第125期，頁72-83，1998年1月。

358. 〈論學談詩二十年——關於《胡適與楊聯陞往來書札》〉，《聯合報》，1998年2月22-23日，聯合副刊；另題作〈論學談詩二十年——《胡適楊聯陞往來書札》序〉，收錄於胡適紀念館編，《論學談詩二十年：胡適楊聯陞往來書札》，頁i-xii，台北：聯經出版事業公司，1998年3月。

359. 〈戊戌政變今讀〉，《二十一世紀》，第45期，頁4-14，1998年2月。

360. 〈家天下、族天下、黨天下〉，《明報月刊》，33卷2期，頁53，1998年2月。

361. 〈周恩來的教訓——寫於周恩來百年誕辰之際〉，《開放》，總第135

期，頁33-36，1998年3月。

362. 〈香港的自由與學術文化〉，《明報月刊》，33卷3期，頁15-16，1998年3月。

363. 〈改革，民主，科學——喚醒北大三魂〉，《聯合報》，1998年5月4日，4版。

364. 〈俠與中國文化〉，收錄於劉紹銘、陳永明編，《武俠小說論卷》，上冊，頁4-76，香港：明河社，1998年5月。

365. 〈士商互動與儒學轉向——明清社會史與思想史之一面相〉，收錄於郝延平、魏秀梅主編，《近世中國之傳統與蛻變：劉廣京院士七十五歲祝壽論文集》，上冊，頁3-52，台北：中央研究院近代史研究所，1998年5月。

366. 〈《朱熹哲學思想》序〉，收錄於金春峰，《朱熹哲學思想》，頁1-4，台北：東大圖書公司，1998年5月。

367. 〈獻給台灣的大學畢業生——愛因斯坦的人生智慧〉，《聯合報》，1998年6月30日，聯合副刊37版。

368. 〈《自由鳥》序〉，收錄於鄭義，《自由鳥》，頁1-7，台北：三民書局，1998年6月；又刊載於《北京之春》，第69期，頁85-86，1999年2月。

369. 〈文化多元化與普遍價值的尋求——祝臺灣大學七十週年校慶〉，《聯合報》，1998年10月23日，14版；又刊於〈多元化與普遍價值的尋求——祝臺灣大學七十週年校慶〉，黃俊傑、何寄澎主編，《臺灣的文化發展——世紀之交的省思》，頁1-9，台北：國立臺灣大學，1999年12月。

370. 〈民主觀念與現代中國精英文化的沒落〉，錢文忠譯，《學術集林》，第14卷，頁78-99，上海：遠東出版社，1998年10月。

371. 〈重覽20世紀文明圖像〉，《中國時報》，1998年12月13日，37版。

372. 〈我所認識的錢鍾書先生〉，《中國時報》，1998年12月24日，14版；又刊於《文匯讀書周報》，1999年1月2日9版。

373. 〈恢復人類文明的元氣〉，李宛澍整理，《遠見》，第152期，頁70-71，1999年2月；又刊於《書城》，2000年1期，頁1，2000年1月。

374. 〈壽宗老紀忠先生〉，《中國時報》，1999年4月28日，人間副刊37版。

375. 〈文藝復興乎？啟蒙運動乎？——一個史學家對五四運動的反思〉，《聯合報》，1999年5月1日，14版；《聯合文學》，15卷7期，頁8-22，1999年5月；又收在余英時等著，《五四新論：既非文藝復興亦非啟蒙運動》，頁1-31，台北：聯經出版事業公司，1999年5月。

376. 〈《半洋隨筆》序〉，收錄於林培瑞（Perry Link），《半洋隨筆》，頁1-7，台北：三民書局，1999年5月。

377. 〈民族主義取代了民主嗎？——「六四」十年的反思〉，《聯合報》，1999年6月3日，2版。

378. 〈嚴復與中國古典文化〉，《聯合報》，1999年7月11-12日，聯合副刊37版。

379. 〈讀書如對話〉，《明報月刊》，34卷7期，頁15，1999年7月。

380. 〈商業社會中士人精神的再造〉，《聯合報》，1999年9月12-13日，聯合副刊37版；另收錄於余英時等，《知識份子十二講》，頁31-47，台北：立緒文化事業公司，1999年12月。

381. 〈傲骨崢嶸老還堅〉，《北京之春》，第77期，頁91，1999年10月。

382. 〈朱熹哲學體系中的道德與知識〉，收在賀照田主編，《學術思想評論》，第5輯，頁352-375，瀋陽：遼寧大學出版社，1999年10月。

383. 〈《共產中國五十年》序〉，收錄於金鐘主編，《共產中國五十年，

1949-1999》，頁1-7，香港：開放雜誌社，1999年10月。

384. 〈學術思想史的創建及流變：從胡適與傅斯年說起〉，《古今論衡》，第3期，頁66-75，1999年12月；又收入《學術史與方法學的省思：史語所七十周年研討會論文集》，頁1-12，台北：中央研究院史語言研究所，2000年12月。

385. 〈讓一部分人在精神上先富起來！〉，《二十一世紀》，第56期，頁10-14，1999年12月。

386. 〈悼念邢慕寰教授〉，《二十一世紀》，第56期，頁158，1999年12月。

387. 〈重振獨立自主的人格〉，《明報月刊》，35卷1期，頁18-20，2000年1月。

388. 〈《朱子文集》序〉，陳俊民校編，《朱子文集》，第1冊，頁13-26，台北：德富文教基金會，2000年 2月；又刊於《萬象》，2卷9期，頁1-13，2000年9月，改題為〈談宋代政治文化的三個階段〉。

389. 〈「王道」在今天的世界〉，馬鶴凌編著，《文明融合與世界大同——開創華人和平建設世紀的理念與構想》，頁139-147，台北：臺灣中華書局，2000年3月。

390. 〈軸心突破與禮樂傳統〉，盛勤釋、唐古譯，《二十一世紀》，第58期，頁17-28，2000年4月。

391. 〈盼望中國的精神重建〉，《北京之春》，第80期，頁9，2000年1月。

392. 〈殿上垂裳有二王：為王立誠、王銘琬的圍棋成就而作〉（上、下），《中國時報》，2000年7月27-28日，人間副刊37版；另刊於《棋道圍棋月刊》，第79期，頁76-81，2002年1月。

393. 〈偶讀巴森文化史巨著〉，《明報月刊》，35卷7期，頁21-22，2000年7月。

394. 〈無徵不信，立言不朽——中國時報五十周年獻辭〉，《中國時報》，2000年9月27日，2版。

395. 〈「天地閉．賢人隱」的十年〉，《二十一世紀》，第61期，頁4-6，2000年10月。

396. 〈新亞精神與中國文化〉，《聯合報》，2000年10月24-25日，聯合副刊37版；又刊於《新亞生活》，28卷3期，頁1-6，2000年11月；又收錄於劉述先主編，《中國文化的檢討與前瞻：新亞書院五十週年金禧紀念學術論文集》，頁vi-xxii，紐澤西：八方文化企業公司，2001年5月，題作〈新亞精神與中國文化——《中國文化的檢討與前瞻》序〉。

397. 〈打破「西方民主」的迷思——阮銘《民主在台灣》序〉，收錄於阮銘等著，《民主在台灣》，頁i-iv，台北：遠流出版事業公司，2000年10月。

398. 〈打開民族主義與民主的百年歷史糾葛〉，《聯合報》，2000年12月25日，4、15版。

399. 〈《毛澤東執政春秋》序〉，收錄於單少傑，《毛澤東執政春秋》，頁10-15，紐約：明鏡出版社，2000年12月。

400. 〈晚節與風格〉，《明報月刊》，36卷1期，頁29-30，2001年1月。

401. 〈《中共風雨八十年》序〉，收錄於凌鋒，《中共風雨八十年》，頁1-2，New Jersey: The Epoch Publishing，2001年5月；又刊於《中央日報》，2001年7月6日，20版，題為〈心史與跡史——我看《中共風雨八十年》〉。

402. 〈透視中共讀後〉，《信報》，2001年6月26日，20版。

403. 〈《頭對著牆：大國的民主化》序〉，收錄於吳稼祥，《頭對著牆：大國的民主化》，頁1-6，台北：聯經出版事業公司，2001年7月。

404. 〈紹熙五年朱熹臨安之行考辨三則〉，《大陸雜誌》，103卷1期，頁1-12，2001年7月。

405. 〈張學良的政治世界〉，《聯合報》，2001年10月18日，9版。

406. 〈《俗文學叢刊》序〉，收錄於黃寬重、李孝悌、吳政上主編，《俗文學叢刊》，頁i-viii，台北：新文豐出版公司、中央研究院歷史語言研究所，2001年10月。

407. 〈《東亞儒學史的新視野》序〉，收錄於黃俊傑，《東亞儒學史的新視野》，頁i-vi，台北：喜瑪拉雅研究發展基金會，2001年12月；臺灣大學出版中心，2006年2月。

408. 〈是歷史的推動者還是弄潮兒？——張學良與西安事變探微〉，《明報月刊》，36卷12期，頁27-34，2001年12月。

409. 〈野火燒不盡，春風吹又生——《脊梁：中國三代自由知識分子評傳》序〉，收錄於傅國湧、樊百華等著，《脊梁：中國三代自由知識分子評傳》，頁1-4，香港：開放雜誌社，2001年12月。

410. 〈「勝殘去暴」：二十一世紀的新課題〉，《明報月刊》，37卷1期，頁12-13，2002年1月。

411. 〈一座沒有爆發的火山——悼亡友張光直〉，《聯合報》，2002年2月4日，聯合副刊37版；《讀書》，2002年2期，頁66-72，2002年2月；又收入《張光直文學作品集》，台北：海峽學術出版社，2005年。頁197-205。

412. 〈略說現代中國民族主義與民主的關係——一個歷史的體察：《百年來兩岸民族主義的發展與反省》序〉，收錄於丁學良等著，洪泉湖、謝政諭編，《百年來兩岸民族主義的發展與反省》，頁1-9，台北：東大圖書公司，2002年2月。

413. 〈一位尊人愛國的偉大書生〉，《中國時報》，2002年4月10日，人間

副刊39版。

414. 〈序：從傳統到現代的見證〉，收錄於時報文教基金會編，《近代中國的變遷與發展》，頁5-8，台北：時報文化出版公司，2002年7月；又刊於《中國時報》，2002年7月30日，人間副刊39版；題為〈從傳統到現代的見證〉。

415. 〈朱熹的歷史世界——宋代士大夫的政治文化〉（一至七），《當代》，第180-183、186-188期，頁60-81；100-116；53 -73；70-75；70-88；52-69；56-62，2002年8-11月、2003年2-4月。

416. 〈《中國文化大革命文庫光盤》序〉，收錄於宋永毅主編，《中國文化大革命文庫目錄索引》，香港：香港中文大學中國研究服務中心，2002年。（未標頁碼，共2頁）；又刊於《北京之春》，第105期，頁76-77，2002年2月。

417. 〈《兩種文化的百年思索》——回顧二十世紀科學典範下的人文研究〉，《中國時報》，2003年1月19日，40版。

418. 〈猶記春風舊事〉，《中央日報》，2003年7月10日，中央副刊17版。

419. 〈試論中國人文研究的再出發〉，《九州學林》，創刊號，頁9-41，2003年7月。

案：此文分上、下篇，上篇又刊於《粵海風》，2006年3期，頁9-14，2006年5月，題為〈中國人文研究的再出發〉，然文末結尾處略有不同。

420. 〈《基本人權》序〉，收錄於朱敬一、李念祖，《基本人權》，頁9-17，台北：時報文化出版公司，2003年7月。

421. 〈《昨夜雨驟風狂》序〉，收錄於吳弘達，《一個人的兩個故事》，上冊，《昨夜雨驟風狂》，頁15-19，華盛頓：勞改基金會，2003年9月。

422. 〈通古今之變，成一家之言——倪德衛《章學誠的生平與思想》中譯本序〉，收錄於倪德衛（David S. Nivison）著，王順彬、楊金榮等譯，邵東方校訂，《章學誠的生平與思想》，頁4-13，北京：方志出版社，2003年12月；楊立華譯、邵東方校訂，頁iv-xiii，台北：唐山出版社，2003年12月。

423. 〈文化認同與中國史學——從錢穆先生的《國史大綱》引論說起〉，《錢賓四先生百齡紀念會學術論文集》，頁437-455，香港：香港中文大學新亞書院， 2003年（錄音整理未經作者審閱）；《新亞學術集刊》，第14期，頁437-447，2003年。

424. 〈我摧毀了朱熹的價值世界嗎？——答楊儒賓先生〉，《當代》，第197期，頁54-73，2004年1月。

425. 〈簡單的說明〉，《當代》，第198期，頁70-71，2004年2月。

426. 〈治史自反錄：著譯者言〉，《讀書》，2004年4期，頁115-122，2004年4月。

427. 〈赫貞江上之相思——胡適不為人知的一段情緣〉（上、下），《聯合報》，2004年5月3-4日，聯合副刊E7版。

428. 〈試說儒家的整體規劃——劉述先先生「回應」讀後〉，《當代》，第201期，頁90-99，2004年5月；《九州學林》，2卷2期，頁297-312，2004年10月。

429. 〈《南宋儒學建構》序〉，收錄於何俊，《南宋儒學建構》，頁1-3，上海：上海人民出版社，2004年5月。

430. 〈挽救記憶的偉大工程——《文革受難者》序〉，收錄於王友琴，《文革受難者》，頁1-5，香港：開放雜誌出社，2004年5月；又刊於《開放》，總第210期，頁20-23，2004年6月，題為〈挽救記憶的偉大工程——新書《文革受難者》序〉。

431. 〈書中乾坤大〉，《中國時報》，2004年8月16日，人間副刊E7版。

432. 〈「人生識字憂患始」——中國知識分子的現代宿命〉，《明報月刊》，39卷9期，頁106-110，2004年9月；另刊於《當代》，第219期，頁40-56，2005年11月；又收錄於康正果，《出中國記：我的反動自述》，題為〈「人生識字憂患始」：中國知識分子的現代宿命——康正果《出中國記：我的反動自述》序〉，頁6-27，台北：允晨文化實業公司，2005年11月。

433. 〈從日記看胡適的一生——後記：Lowitz向胡適示愛〉（上、下），《聯合報》，2004年10月5-6日，聯合副刊E7版。

434. 〈從馮友蘭和龍沐勛看知識人的困境——續論中國知識人的現代宿命〉，《明報月刊》，39卷10期，頁104-109，2004年10月。

435. 〈為陳小雅編《沉重的回首》文集序——六四：未竟的民主運動〉，收錄於陳小雅編，《沉重的回首：1989天安門運動十五週年紀念文集》，頁1-5，香港：開放雜誌社，2004年11月；又刊於《開放》，總第215期，頁30-32，2004年11月。

436. 〈追憶與唐長孺先生的一次會談〉，《魏晉南北朝隋唐史資料》，第21期，頁25-29，2004年12月。

437. 〈試說科舉在中國史上的功能與意義〉，《二十一世紀》，第89期，頁4-18，2005年6月。

438. 〈《生命史學：從醫療看中國歷史》序〉，收錄於李建民，《生命史學：從醫療看中國歷史》，頁1-13，台北：三民書局，2005年7月。

439. 〈《歷史的錯誤》序：現狀下的均衡——當前台灣、大陸、美國的三邊關係〉，收錄於阮銘、張怡菁，《歷史的錯誤：台美中關係探源》，台北：玉山社，2006年2月。

440. 〈《老子古今》序〉，收錄於劉笑敢，《老子古今：五種對勘與析評引

論》，頁1-7，北京：中國社會科學出版社，2006年5月；另刊於《九州學林》，3卷4期，頁212-220，2006年4月。

441. 〈經濟放鬆與政治加緊：試說「黨天下」的解體過程——《中國之覺醒》序〉，收錄於陳彥著、熊培云譯，《中國之覺醒：文革後中國思想演變歷程 1976-2002》，頁7-28，香港：田園書屋，2006年8月。

442. 〈紹熙五年朱熹出入臨安始末考〉，《嶺南學報》，新3期，頁93-119，2006年9月。

443. 〈鄧小平「政治改革」的真相〉，《明報月刊》，41卷9期，頁42-47，2006年9月。

444. 〈二十年如一日的宗教奉獻精神〉，《動向》，第253期，頁30，2006年9月。

445. 〈我對中國文化與歷史的追索——克魯格得獎演說〉，《當代》，第232期，頁22-27，2006年12月；《北京之春》，第164期，頁55-57，2007年1月；《中國哲學與文化》第2期，頁1-11，2007年11月，題名為〈在2006年克魯格獎頒獎儀式上的演講〉。

446. 〈《天安門》中文版序〉，收錄於史景遷著、溫洽溢譯，《天安門：中國的知識份子與革命》，頁8-13，台北：時報文化出版公司，2007年1月；另刊於《中國時報》，2007年1月19日，人間副刊E7版，題為〈有「序」為證：激起巨變，也被巨變吞沒〉。

447. 〈有「序」為證：「士」與「知識人」〉，《中國時報》，2007年3月29日，人間副刊E7版。

案：此文為《知識人與中國文化的價值》一書〈自序〉之節錄。

448. 〈《學術與政治：胡適的心路歷程》序〉，收錄於李建軍，《學術與政治：胡適的心路歷程》，頁3-5，香港：新世紀出版社，2007年3月。

449. 〈國家不幸詩家幸——巫寧坤先生《一滴淚》〉，收錄於巫寧坤，《一

滴淚：從肅反到文革的回憶》，頁5-16，台北：允晨文化實業公司，2007年5月；另刊於《當代》，第233期，頁64-75，2007年4月。

450. 〈獲獎感懷和我的價值取向——與中國流亡知識份子談論中國〉，《開放》，總第246期，頁32-33，2007年6月。

451. 〈從「必然王國」到「自由王國」——劉再復《思想者十八題》序〉，收錄於劉再復，《思想者十八題：海外訪談錄》，頁xi-xxi，香港：明報出版社，2007年6月；《聯合報》，2007年6月27-28日，聯合副刊E7版；《明報月刊》，42卷7期，頁140-144，2007年7月。

452. 〈讀「反右運動五十年祭」感賦四絕句〉，《明報月刊》，42卷7期，頁20，2007年7月。

453. 〈許倬雲教授蒞校任首屆「余英時先生歷史講座」講者——答謝致詞〉，《新亞生活月刊》，35卷4期，頁7，2007年12月。

454. 〈我與中國思想史研究〉，《思想》，第8期，頁1-18，2008年1月；又收錄於許紀霖主編、劉擎副主編，《知識份子論叢》，第8輯，《世俗時代與超越精神》，頁151-165，南京：江蘇人民出版社，2008年12月，題為〈中國思想史研究經驗談〉。

案：此文原為余先生於2007年10月6日，在日本「中國學會」第59回大會上宣講的講詞，原題是〈中國思想史研究經驗談〉，後被譯者改為〈我與中國思想史研究〉。在全文之前，余先生本寫了一段「前言」，說明其基本觀點和研究取向，然此「前言」後來並未和正文合印在一起。收錄在《知識份子論叢》中之此文，余先生不但將「前言」補進去，也改回原題目。

455. 〈《朱熹的思維世界》增訂版序〉，收錄於田浩，《朱熹的思維世界》（增訂版），頁5-14，台北：允晨文化實業公司，2008年3月；頁1-7，南京：江蘇人民出版社，2009年9月。

456. 〈《右派情踪》序〉，收錄於周素子，《右派情踪：七十二賢人婚姻故事》，頁i-iii，香港：田園書屋，2008年3月；另刊於《北京之春》，第179期，頁78-79，2008年4月。

457. 〈學人寄語〉，《中國文化》，第1期，頁128，2008年4月。

458. 〈《周有光百歲口述》序〉，收錄於周有光口述、李懷宇撰述，《周有光百歲口述》，頁1-7，桂林：廣西師範大學出版社，2008年5月。

459. 〈《海桑集：熊式輝回憶錄（1907-1949）》序〉，收錄於熊式輝，《海桑集：熊式輝回憶錄（1907-1949）》，頁9-21，紐約：明鏡出版社，2008年6月。

460. 〈回憶一九四九年秋季的燕京大學——巫寧坤先生《孤琴》序〉，收錄於巫寧坤，《孤琴》，台北：允晨文化實業公司，頁3-27，2008年9月；另刊於《聯合報》，2008年7月21-25日，聯合副刊，題為〈燕京末日的前期〉（一至五〉。

461. 〈《啟蒙運動》序〉，收錄於彼德．蓋伊（Peter Gay）著、劉森堯、梁永安譯，《啟蒙運動》上、下冊，頁2-3，台北：國立編輯館與立緒文化事業公司聯合出版，2008年10月。

462. 〈原「序」：中國書寫史上的一個特色〉，《清華大學學報》（哲學社會科學版），2009年第1期，頁5-12，2009年1月。

463. 〈一個傳統，兩次革命——關於西方科學的淵源〉，《讀書》，2009年3期，頁13-22，2009年3月；又收錄於陳方正，《繼承與叛逆：現代科學為何出現于西方》，頁vii-xix，北京：三聯書店，2009年4月，題為〈《繼承與叛逆：現代科學為何出現于西方》序〉。

464. 〈《天祿論叢：北美華人東亞圖書館員文集》序〉，收錄於李國慶、邵東方主編，《天祿論叢：北美華人東亞圖書館員文集》，頁1-3，桂林：廣西師範大學出版社，2009年3月。

465. 〈《血路1989》序〉，收錄於孔捷生，《血路1989》，頁7-11，香港：夏菲爾出版有限公司，2009年4月。

466. 〈《六四日記：廣場上的共和國》序〉，收錄於封從德，《六四日記：廣場上的共和國》，頁1-2，台北：自由文化出版社，2009年5月。

467. 〈唐君毅先生像銘〉，《中國哲學與文化》，第5輯，頁1，桂林：廣西師範大學出版社，2009年6月。

468. 〈唐君毅先生銅像揭幕儀式致辭〉，《中國哲學與文化》，第6輯，頁1-2，桂林：廣西師範大學出版社，2009年12月。

469. 〈《張充和詩書畫選》序〉，收錄於張充和作、白謙慎編，《張充和詩書畫選》，頁5-18，北京：三聯書店，2010年6月。

470. 〈文史哲雜誌創刊六十周年題詞〉，《文史哲》2011年第2期，2011年3月5日；又見於《文史哲與中國人文學術編年》封底，郭震旦編撰，北京：商務印書館，2011年5月。

471. 〈《鄉村社會的毀滅》序〉，收錄於謝幼田，《鄉村社會的毀滅：毛澤東暴民政治代價》，紐約：明鏡出版社，頁5-10，2010年2月。

472. 〈廖亦武，反抗黨天下統治的現代箕子！〉，收錄於廖亦武，《六四我的證詞》，台北：允晨文化實業公司，頁6-13，2011年8月。

473. 〈題《董橋七十》〉，收錄於董橋著、胡洪俠編，《董橋七十》，香港：牛津大學出版社，頁vi-vii，2012年2月。

474. 〈試釋「五四」新文化運動的歷史作用〉，《思想》，第37期，頁139-151，2019年4月。

475. 〈序〉，收錄於《蠹餘集：汴梁陳穎士先生遺詩稿》，台北：允晨文化實業公司，2012年。

476. 〈序〉，收錄於汪精衛，《雙照樓詩詞藁》，香港：天地圖書公司，2012年。

477.〈回首辛亥革命，重建價值觀念〉，收錄於馬國川，《沒有皇帝的中國：辛亥百年訪談錄》，香港：牛津大學出版社，2012年。

478.〈序〉，收錄於周素子，《情感線索》，廣州：花城出版社，2013年。

479.〈中國軸心突破及其歷史進程——《論天人之際》代序〉，《思想史》，第1期，頁1-58，2013年。

480.〈《點燈集》讀后——《后點燈集》代序〉，《新文學評論》，第9卷，頁167-168，武漢，2014年

481.〈新亞書院與中國人文研究〉，收錄於《香港中文大學新亞書院：六十五周年學術講座》，香港：香港中文大學新亞書院，2014年。

482.〈中國史研究的自我反思〉，《漢學研究通訊》》，34卷1期，頁 1-7，2015年2月。

483.〈悼 國藩〉，《中國文哲研究通訊》，25卷3期，頁3-4，2015年9月。

484.〈李光耀的治國理念〉，收錄於《學者談李光耀》，新加坡：八方文化創作室，2015年。

485.〈《民主評論》新儒家的精神取向——從牟宗三的「現世關懷」談起〉，收錄於彭國翔，《智者的現世關懷：牟宗三的政治與社會思想》，台北：聯經出版事業公司，2016年。

486.〈序〉，收錄於吳文津，《美國東亞圖書館發展史及其他》，台北：聯經出版事業公司，2016年。

487.〈《國史大綱》發微——從內在結構到外在影響〉，《古今論衡》，第29期，頁3-16，2016年。

488.〈余英時回憶錄（一）——安徽潛山的鄉村〉，《二十一世紀》，總159期，頁98-109，2017年2月。

489.〈余英時回憶錄（二）——共產主義與抗日戰爭〉，《二十一世紀》，總160期，頁80-90，2017年4月。

490.〈余英時回憶錄（三）——中正大學和燕京大學〉，《二十一世紀》，總162期，頁109-121，2017年8月。

491.〈幾句推薦的話〉，收錄於理察·霍夫士達特，《美國的反智傳統：宗教、民主、商業與教育如何形塑美國人對知識的態度？》，台北：八旗文化，2018年。

492.〈五四：中國近百年來的精神動力〉，《明報月刊》54卷5期，頁20-26，2019年5月。

C. 訪談錄、對談錄

1. 〈中國在遽變中未能完全脫離傳統之流弊〉，余英時答，葉榮枝、吳婉霞、何美然訪，《明報月刊》，9卷1期，頁16-22，1974年1月。
2. 〈學術何以必須自由〉，余英時答，梁燕城、劉美美訪問，《明報月刊》，9卷4期，頁4-18，1974年4月；另刊於《人與社會》，3卷1期，頁68-75，1975年4月；《自立晚報》，1979年3月4日，3版。
   案：此文後收入《史學與傳統》，台北：時報文化出版公司，頁125-164，1982年1月，改題為〈從中國傳統看學術自由的問題——香港明報月刊百期紀念答記者問〉。又《自立晚報》所登載的為原文節錄。
3. 〈余英時談歷史研究心得〉，應平書，《中華日報》，1977年11月14日，3版。
4. 〈余英時談史學研究〉，馮志清，《中央日報》，1978年9月12日，11版。
5. 〈時報之友夜訪余英時——朗朗乾坤含弘光大〉，郭正昭訪問、張正翊整理，《中國時報》，1979年3月15-17日，12版。
6. 〈訪余英時談傳統文化與現實政治〉，李怡，《七十年代》，第157期，頁66-78，1983年2月。
7. 〈余英時．王昭明對談〉，趙文琴等整理，《遠見》，第7期，頁41-47，1987年1月。
8. 〈余英時談：坎坷求學路，儒家在中國〉，呂武吉，《遠見》，第13期，頁163-175，1987年7月。
9. 〈衝決極權羅網的「反思」——與兩位大陸青年思想家談大陸的改革前景和思想出路〉，《聯合報》，1987年12月31日，2版；又收入《大陸的改革前景和思想出路：余英時教授與兩位大陸青年思想家對談紀》，台

北：聯合報，頁1-7，1988年2月。
10. 〈訪問余英時教授〉，何頻，《北京之春》，第10期，頁6-10，1994年3月。
11. 〈余英時訪談錄——要有民主的人格，才會出民主的領袖〉（一至三），張偉國，《聯合報》，1994年8月7、9-10日，10版。
12. 〈為了文化與社會的重建——余英時教授訪談錄〉，劉夢溪，《中國文化》（風雲時代），第10期，頁1-10，1994年8月；又分兩次刊於《明報月刊》，29卷9、10期，頁45-50、90-95，1994年9、10月；又收錄於陳致訪談：《余英時訪談錄》，頁187-218，北京：中華書局，2012年3月。
13. 〈專訪余英時、李澤厚：中華文化重建與出路〉，《亞洲週刊》，10卷1期，頁42，1996年1月7日。
14. 〈中國人能否超越民族激情——訪余英時教授〉，李怡，《九十年代》，第322期，頁101-103，1996年11月。
15. 〈「海外學者看鄧後，人事接班為關鍵」——余英時：共產政權將有極大變化〉，梁東屏整理，《中國時報》，1997年2月21日，4版。
16. 〈江澤民是過渡性人物——美國普林斯頓大學教授余英時談鄧後中共政局〉，金鐘訪問，《開放》，總第123期，頁30-32，1997年3月。
17. 〈1898~1989世紀交替中的中國知識分子——東西史學大師余英時、史景遷跨世紀對談〉，《聯合報》，1999年1月7-8日，3、14版。
18. 〈余英時談民族主義與共產黨〉，安琪，《北京之春》，第71期，頁71-79，1999年4月。
19. 〈直入塔中，上尋相輪：余英時教授訪談錄〉，陳致，《明報月刊》，42卷8期，頁57-68，2007年8月。
20. 〈國學與現代學術的種種：余英時教授訪談錄〉，陳致，《明報月

刊》，42卷9期，頁61-68，2007年9月。

21. 〈先秦「哲學的突破」與「巫」的傳統：余英時教授訪談錄〉，陳致，《明報月刊》，42卷10期，頁74-78，2007年10月。

22. 〈胡適自由之精神：余英時教授訪談錄〉，陳致，《明報月刊》，42卷11期，頁69-73，2007年11月。

23. 〈知識人與社會擔當：余英時教授訪談錄〉，陳致，《明報月刊》，42卷12期，頁93-97，2007年12月。

案：以上五次訪談收錄陳致訪談，《余英時訪談錄》中之第一部分，題為〈直入塔中，上尋相輪〉，頁15-88，北京：中華書局，2012年3月；台北：聯經出版事業公司，2021年9月。

24. 〈專訪余英時：民主與中國文化是台灣最大動力〉，黃清龍，《亞洲週刊》，22卷6期，頁18-19，2008年2月10日。

25. 〈中國近代史諸問題——余英時教授訪談錄〉，趙曉明，《社會科學論壇》，2008年第2期，頁93-104，2008年2月。

26. 《余英時訪談錄》（一至四），邵東方採訪、史超攝像，「超星學術視頻」（http://video.ssreader.com/playvideo.asp?id=5005），2009年6月19日發布。

案：此訪談錄由邵東方與超星公司工作人員記錄整理成文字稿，題為〈史學研究經驗談〉，收錄於余先生著、邵東方編，《史學研究經驗談》，上海：上海文藝出版社，頁1-49，2010年12月。

27. 〈余英時教授談宗教、哲學、國學與東西方知識系統〉，陳致，《中國哲學與文化》，第7輯，頁223-237，桂林：廣西師範大學出版社，2010年6月。

案：此文亦收入《余英時訪談錄》，陳致訪談，北京：中華書局，頁91-119，2012年3月，惟內容微有異同；台北：聯經出版事業公司，

2021年9月。

28. 〈到歷史中尋找今天中國問題的根源——余英時縱論中國近代史〉，北明訪談，《縱覽中國》（http://www.chinainperspective.com/ArtShow.aspx?AID=15064），2010年12月12日。
29. 〈國學與漢學——余英時教授訪談錄〉，陳致，《國學新視野》，第2期，頁10-25，桂林：漓江出版社，2011年7月。

    案：此文亦收入《余英時訪談錄》，陳致訪談，北京：中華書局，頁91-119，2012年3月；台北：聯經出版事業公司，2012年6月；2021年9月。
30. 《余英時訪談錄》，陳致訪談，北京：中華書局，2012年3月；台北：聯經出版事業公司，2012年6月；2021年 月。
31. 〈孔子學院及其影響——專訪余英時〉（上、下），北明訪談，《縱覽中國》（http://www.chinainperspective.com/ArtShow.aspx?AID=15064），2012年4月7、8日。
32. 〈內向超越的最高境界是「人」和「道」合一：余英時談新著《論天人之際》〉，李懷宇訪談，《思想》，第25期，頁303-324，2014年5月
33. 〈【專訪余英時之一——香港篇】 余英時：香港人不能做乖孫子 最後變成奴隸〉，何榮幸訪談，《天下雜誌》（https://www.cw.com.tw/article/5061238），2014年9月16日。
34. 〈【專訪余英時之二——台灣篇】 余英時：要不要做共產黨順民，全體台灣人決定〉，何榮幸訪談，《天下雜誌》（https://www.cw.com.tw/article/5061240），2014年9月16日。
35. 〈【專訪余英時之三——大陸篇】 余英時：大國崛起只是表面 大陸公民力量壓不住〉，何榮幸訪談，《天下雜誌》（https://www.cw.com.tw/article/5061334），2014年9月17日。

36.〈【專訪余英時之四——本土化篇】余英時：蔣經國晚年值得稱讚 教育不可能去中國化〉何榮幸訪談，《天下雜誌》（https://www.cw.com.tw/article/5061335），2014年09月17日。
37.〈中國現代學術「典範」的建立〉，羅小虎訪談，《經濟觀察報》（http://www.eeo.com.cn/2018/0827/335597.shtml），2018年8月27日。
38.〈沒有一個政權能全恃暴力而傳之久遠〉，羅四鴒訪談，《端傳媒》（https://theinitium.com/article/20180806-interview-luosiling-yuyingshi-china-regime），2018年8月6日。
39.〈「五四精神是一股真實的歷史動力」：「五四」百年之際專訪余英時先生〉，唐小兵訪談，《思想》，第37期，頁153-174，2019年4月。

二、外文之部

A. Books

1. *Views of Life and Death in Later Han China*. Doctoral Dissertation, Harvard University, 1962.
2. *Trade and Expansion in Han China, A Study in the Structure of Sino-Barbarian Economic Relations*. Berkeley and Los Angeles, Ca: University of California Press, 1967.
3. *Early Chinese History in the People's Republic of China*. Editor and principal author, Seattle: School of International Studies, University of Washington, 1981.
4. *The Power of Culture, Studies in Chinese Cultural History*. Co-editor (with Willard J. Peterson and Andrew H. Plaks), Hong Kong: The Chinese University of Hong Kong Press, 1994.
5. *Changing Conceptions of National History in Twentieth-Century China*. Berlin and New York: Walter de Gruyter, 1994.
6. *Democracy, Human Right and Confucian Culture*. Oxford: Asian Studies Centre, St. Antony's College, 2000.
7. Chinese History and Culture: Sixth Century B.C.E. to Seventeenth Century. Ed. Josephine Chiu-Duke, Michael S. Duke. New York: Columbia University Press, 2016.
8. Chinese History and Culture: Seventeenth Century Through Twentieth Century. Ed. Josephine Chiu-Duke, Michael S. Duke. New York: Columbia University Press, 2016.

9 .The Religious Ethic and Mercantile Spirit in Early Modern China. Trans. Yim-tze Kwong. Ed. Hoyt Cleveland Tillman. New York: Columbia University Press, 2021.

10. From Rural China to the Ivy League: Reminiscences of Transformations in Modern Chinese History. Trans. Josephine Chiu-Duke, Michael Duke. New York: Cambria Press, 2021.

B. Articles

1. "Life and Immortality in the Mind of Han China," *Harvard Journal of Asiatic Studies* 25(1964-65): 80-122.
2. A review article on D.C. Twitchett, *Financial Administration under the T'ang Dynasty, Journal of the American Oriental Society* 84.1 (1964): 71-82.
3. "The Two Worlds of Hung-lou meng," (tr. by Diana Yu), *The Renditions-English Translation Magazine*, The Chinese University of Hong Kong, No. 2 (Spring 1974): 5-22.
4. "Some Preliminary Observations on the Rise of Ch'ing Confucian Intellectualism," and Appendix: "Intellectualism and Anti-intellectualism in Chinese Intellectual History," *Tsing Hua Journal of Chinese Studies*, New Series XI.1/2 (December 1975): 105-144.
5. " Han," in K. C. Chang, ed., *Food in Chinese Culture, Anthropological and Historical Perspectives*. New Haven and London: Yale University Press, 1977, pp. 53-83.

6. “Crisis and Conflict in Han China, 104 BC to AD 9 (Book Review),” *American Historical Review*, Vol. 82 Issue 3 (June 1977): 717, 2p.
7. “The Life and Reflections of an Early Medieval Confucian (Book Review), ”*American Historical Review* , Vol. 82 Issue 3 (June 1977): 718, 2p.
8. “The Chinese Experience (Book Review),” *American Historical Review*, Vol. 85 (Feburary 1980), Issue 1: 190, 2p.
9. “ Toward an Interpretation of the Intellectual Transition in Seventeenth-century China,” *Journal of the American Oriental Society* 100.2 (1980): 115-125.
10. “New Evidence on the Early Chinese Conception of Afterlife,” *Journal of Asian Studies* XLI.1 (November 1981): 81-85.
11. “Tai Chen and the Chu Hsi Tradition,” in Chan Ping-leung, ed., *Essays in Commemoration of the Golden Jubilee of the Fung Ping Shan Library, Studies in Chinese Librarianship, Literature, Language, History and Arts*. Hong Kong: Hong Kong University Press, 1982, pp. 376-392.
12. “The Study of Chinese History: Retrospect and Prospect,” in George Kao, ed., *The Translation of Things Past, Chinese History and Historiography*. Hong Kong: The Chinese University of Hong Kong Press, 1982, pp. 7-26.
13. “The Seating Order at the Hung-men Banquet,” in George Kao, ed., *The Translation of Things Past, Chinese History and Historiography*. Hong Kong: Chinese University Press; Seattle: Distributed by the University of Washington Press, 1982, pp. 49-61.
14. “Individualism and Nco-Taoist Movement in Wei-Chin China,” in Donald Munro, ed., *Individualism and Holism: Studies in Confucian and Taoist Values*. Ann Arbor: University of Michigan Press, 1985, pp. 121-155.
15. “T'ung-ch’eng School,” in William H. Nienhauser Jr., editor and compiler,

The Indiana Companion to Traditional Chinese Literature. Bloomington, In.: Indiana University Press, 1986, pp. 837-840.

16. "Morality and Knowledge in Chu Hsi's Philosophical System," in Wing-tsit Chan, ed., *Chu Hsi and Neo-Confucianism*. Honolulu: University of Hawaii Press, 1986, pp. 228-254.
17. "Han Foreign Relations," in Denis Twitchett and Michael Loewe, eds., *The Cambridge History of China*, vol. I: *The Ch'in and Han Empires, 221 B.C.-A.D. 220*. Cambridge: Cambridge University Press, 1986, pp. 377-462.
18. " 'O Soul, Come Back!' A Study in the Changing Conceptions of the Soul and Afterlife in Pre-Buddhist China," *Harvard Journal of Asiatic Studies* 47.2 (December 1987): 363-395.
19. "The Intellectual World of Chiao Hung Revisited," *Ming Studies* 25 (Spring 1988): 24-66.
20. "Tai Chen's Choice between Philosophy and Philology," *Asia Major*, Third Series, 2.1 (1989): 79-108.
21. "Sun Yat-sen's Doctrine and Traditional Chinese Culture," in Chu-yuan Cheng, ed., *Sun Yat-sen's Doctrine and the Modern World*. Boulder & London: Westview Press, 1989, pp.79-102.
22. "The Hsiung-nu," in Denis Sinor, ed., *The Cambridge History of Early Inner Asia*. Cambridge: Cambridge University Press, 1990, pp. 118-150.
23. "Clio's New Cultural Turn and the Rediscovery of Tradition in Asia," *A Keynote Address to the 12th Conference, International Association of Historians of Asia*. University of Hong Kong, 1991, pp. 10-30.
24. "Student Movements in Chinese History and the Future of Democracy in China," in Peter Li, Steven Mark, and Marjorie H. Li, eds., *Culture and*

Politics in China: An Anatomy of Tiananmen Square. New Brunswick and London: Transaction Publishers, 1991, pp. 243-257.

25. "Foreword," in Hoyt Cleveland Tillman, *Confucian Discourse and Chu Hsi's Ascendancy*. Honolulu: University of Hawaii Press, 1992, pp. ix-xi.
26. "Roots of Moral Crisis in China Today," *Insights on Global Ethics* 2.5 (May 1992): 7-8.
27. "The Radicalization of China in the Twentieth Century," *Daedalus, Journal of the American Academy of Arts and Sciences* 122.2 (Spring 1993): 125-150.
28. "Modern Chronological Biography and the Conception of Historical Scholarship," *Chinese Historians* 6.1 (Spring 1993): 31-43.
29. "Intellectual Breakthroughs in the T'ang-Sung Transition," in Willard J. Peterson, Andrew H. Plaks and Ying-shih Yu, eds., *The Power of Culture*. Hong Kong: The Chinese University of Hong Kong Press, 1994, pp. 158-171.
30. "Changing Conceptions of National History in Twentieth-century China," in Erik Lönnroth, Karl Molin, Ragnar Bjork, eds., *Conceptions of National History, Proceedings of Nobel Symposium* 78. Berlin and New York: Walter de Gruyter, 1994, pp. 155-174.
31. "Foreword," in Chin-shing Huang, Philosophy, *Philology and Politics in Eighteenth-century China: Li Fu and the Lu-Wang School under the Ch'ing*. Cambridge: Cambridge University Press, 1995, pp. ix-xv.
32. "Modernization versus Fetishism of Revolution in Twentieth-century China," in Eric Wu and Yun-han Chu, eds., *The Predicament of Modernization in East Asia*. Taipei: National Cultural Association, 1995, pp. 59-74.
33. "Zhang Xuecheng versus Dai Zhen: A Study in Intellectual Challenge and Response in Eighteenth-century China," in Philip J. Ivanhoe, ed., *Chinese*

Language, Thought and Culture, Nivison and His Critics. Chicago and La Salle: Open Court, 1996, pp. 121-154.

34. "The Idea of Democracy and the Twilight of the Elite Culture in Modern China," in Ron Bontekoe and Marietta Stepaniants, eds., *Justice and Democracy: Cross-cultural Perspectives*. Honolulu: University of Hawaii Press, 1997, pp. 199-215.
35. "China's New Wave of Nationalism," in Larry Diamond, Marc F. Plattner, Yun-han Chu, and Hung-mao Tien, eds., *Consolidating the Third Wave Democracies*. Baltimore: The Johns Hopkins University Press, 1997, pp. 257-264.
36. "Business Culture and Chinese Traditions-Toward a Study of the Evolution of Merchant Culture in Chinese History," in Wang Gungwu and Wong Siu-lun, eds., *Dynamic Hong Kong: Its Business and Culture*. Hong Kong: Centre of Asian Studies, the University of Hong Kong, 1997, pp. 1-84.
37. "Confucian Ethics and Capitalism," in *The Challenge of the 21st Century: the Response of Eastern Ethics*. Asian Foundation International Symposium, Seoul, South Korea, 1998, pp. 57-77.
38. "Überlegungen zum chinesischen Geschitsdenken," in Jörn Rüsen, ed., *Westliches Geschichtsdenken: eine interkulturelle Debatte*. Gottingen: Vandenhoeck & Ruprecht, 1999, pp. 237-268.
39. "Democracy, Human Rights and Confucian Culture," *The Fifth Huang Hsing Foundation Hsueh Chun-tu Distinguished Lecture in Asian Studies*, Asian Studies Centre, St. Antony's College, University of Oxford, 2000, pp. 1-22.
40. "Neither Renaissance nor Enlightenment: A Historian's Reflections on the May Fourth Movement," in Milena Doleželová-Velingerová and Old ich Král,

ed., The Appropriation of Cultural Captial: China's May Fourth Cultural Project. Cambridge: Harvard University Press,2001.

41. "Reflections on Chinese Historical Thinking," in Jörn Rüsen,ed., *Western Historical Thinking*, Berbabn Books, New York, 2002,
pp.152-172.

42. "Between the Heavenly and the Human," in Tu Weiming and Mary Evelyn Tucker,ed., *Confucian Spirituality, Volume One, Volume 11A of World Spirituality: An Encyclopedic History of the Religious Quest*, A Herder and Herder Book, The Crossroad Publishing Company, New York, 2003, pp. 62-80.

43. "Confucian Culture vs. Dynastic Power in Chinese History." Asia Major 3d ser. Vol. 34.1(2021): 1-10.

C.日文文獻

1. 〈中國知識人の史的考察〉，《中國—社會と文化》No.5，頁3-22，1990年6月。
2. 〈現代儒學の回顧と展望——明清期の思想基調の轉換から見た儒學の現代的發展〉，《中國：社會と文化》第10冊，頁135-179，1995年6月；另刊於《中國文化》（漢文學會報53號），頁1-25，茨城縣：大塚漢文學會，1995年6月。
3. 〈西歐近代化理論とアジア〉，《綜合と多樣化——新しい變動の中の人間と社會》，頁65-71，法政大學第15回國際シンポジウム，東京：法政大學出版局，1996年。
4. 〈余英時『中国近代思想史上の胡適』全訳（3）〉，城山陽宣、山田明宏譯，《千里山文学論集》，NO.71 ，頁204-173，2004年3月 。
5. 〈政治環境からみた朱子学と陽明学〉，井澤耕一譯，收入吾妻重二主編、黄俊傑副主編，《東アジア世界と儒教：国際シンポジウム》，頁3-20，東京：東方書店，2005年3月。
6. 〈政治環境からみた朱子学と陽明学——講演のための論稿〉，井澤耕一譯，收入吾妻重二主編、黄俊傑副主編，《東アジア世界と儒教：国際シンポジウム》，頁21-44，東京：東方書店，2005年3月。
7. 〈近世中国における儒教倫理と商人精神〉，收入渋沢栄一記念財団研究部編，《比較視野のなかの社会公益事業報告集：2004年渋沢国際儒教研究セミナー 》，2004年10月。
8. 〈中日文化交涉史的初步觀察〉，《東アジア文化交涉研究》，別冊1號，頁3-7，大阪：關西大學文化交涉學教育研究拠点，2008年3月；另收入王守常、余瑾編，《龐樸教授八十壽辰紀念文集》，頁29-36，

北京：中華書局，2008年12月，題作〈關於中日文化交涉史的初步觀察〉。

9. 〈私と中国思想史研究〉，吾妻重二譯，《東アジア文化交涉研究》，別冊1号，頁103-116，大阪：關西大學文化交涉學教育研究拠点，2008年3月。

10. 〈中国人の生死観：儒教の伝統を中心に〉，古橋紀宏、新田元規譯，《死生学研究》NO. 9，頁12-39，2008年3月。

11. 〈歴史における公益思想の諸相 基調講演 近世中国における儒教倫理と商人精神〉，陶徳民譯，收入陶徳民、姜克實、見城悌治、桐原健真編，《東アジアにおける公益思想の変容：近世から近代へ》，東京，日本経済評論社，2009年3月。

文化叢刊
我走過的路：余英時訪談錄

2021年11月二版　　定價：新臺幣350元

訪談	陳致
叢書主編	沙淑芬
校對	吳美滿
整體設計	江宜蔚

出版者	聯經出版事業股份有限公司
地址	新北市汐止區大同路一段369號1樓
叢書主編電話	(02)86925588轉5310
台北聯經書房	台北市新生南路三段94號
電話	(02)23620308
台中分公司	台中市北區崇德路一段198號
暨門市電話	(04)22312023
郵政劃撥帳戶	第0100559-3號
郵撥電話	(02)23620308
印刷者	世和印製企業有限公司
總經銷	聯合發行股份有限公司
發行所	新北市新店區寶橋路235巷6弄6號2F
電話	(02)29178022

副總編輯	陳逸華
總編輯	涂豐恩
總經理	陳芝宇
社長	羅國俊
發行人	林載爵

行政院新聞局出版事業登記證局版臺業字第0130號

本書如有缺頁，破損，倒裝請寄回台北聯經書房更換。　ISBN 978-957-08-6030-6 (平裝)
聯經網址 http://www.linkingbooks.com.tw
電子信箱 e-mail:linking@udngroup.com

本書中文繁體字版由中華書局授權出版

國家圖書館出版品預行編目資料

我走過的路：余英時訪談錄／陳致訪談．
二版．新北市．聯經．2012.09
312面＋8張彩色．14.8×21公分．(文化叢刊)
ISBN 978-957-08-6030-6（平裝）
[2021年11月二版]

1.余英時 2.學術思想 3.史學方法 4.人文學
5. 訪談

603.1 110015508